Rüdiger Jacob

Wissenschaftliches Arbeiten

WV studium   Band 176

Rüdiger Jacob

Wissenschaftliches Arbeiten

Eine praxisorientierte Einführung für Studierende der Sozial- und Wirtschaftswissenschaften

Westdeutscher Verlag

Die Deutsche Bibliothek – CIP-Einheitsaufnahme

Jacob, Rüdiger:
Wissenschaftliches Arbeiten : eine praxisorientierte Einführung für
Studierende der Sozial- und Wirtschaftswissenschaften / Rüdiger
Jacob. – Opladen : Westdt. Verl., 1997
    (WV-Studium ; Bd. 176 : Sozialwissenschaft)
ISBN-13: 978-3-531-22176-2   e-ISBN-13: 978-3-322-86593-9
DOI: 10.1007/978-3-322-86593-9

Höchste inhaltliche und technische Qualität unserer Produkte ist unser Ziel. Bei der
Produktion und Verbreitung unserer Werke wollen wir die Umwelt schonen: Dieses Werk
ist auf säurefreiem und chlorfrei gebleichtem Papier gedruckt. Die Einschweißfolie besteht
aus Polyäthylen und damit aus organischen Grundstoffen, die weder bei der Herstellung
noch bei der Verbrennung Schadstoffe freisetzen.

Umschlaggestaltung: Horst Dieter Bürkle, Darmstadt
Druck und buchbinderische Verarbeitung: Langelüddecke, Braunschweig

Inhalt

1. Einleitung

Es gibt inzwischen auf dem Markt eine Fülle von z. T. hervorragenden und sehr empfehlenswerten Monographien zu allen Aspekten wissenschaftlichen Arbeitens. Zu nennen sind hier Ratschläge für rationelle Lernstrategien, Tips zum Umgang mit wissenschaftlicher Literatur, Leitfäden zur Abfassung wissenschaftlicher Arbeiten, Trainingsprogramme zum Reden im Studium und Hinweise zur Präsentation von Ergebnissen und dem Einsatz von Medien.

Insofern mag man sich schon fragen, warum sich zu diesen bereits reichlich vorhandenen Werken nun ein weiteres gesellt. Die Antwort ist einfach: Nach meiner mehrjährigen Erfahrung in der Lehre und entsprechenden Einführungsveranstaltungen in die Methoden und Techniken wissenschaftlichen Arbeitens werden diese Bücher in aller Regel von Studierenden nicht gelesen, und zwar deshalb nicht, weil sie zu umfassend sind. Für *jeden* der oben genannten Aspekte, die im Rahmen eines Studiums alle irgendwann problematisch werden, liegen Monographien mit 150 bis 250 Seiten Umfang vor. Dieser Umfang resultiert daraus, daß alle Autoren die jeweiligen Teilthemen sehr ausführlich behandeln, indem sie beispielsweise auch lerntheoretische und kognitionspsychologische Grundlagen darstellen, verschiedene Alternativen zur Lösung des gleichen Problems ausführlich diskutieren (etwa zu Zitierweisen, der Form bibliographischer Angaben oder der Gestaltung der Gliederung) oder auch Exkurse über bibliothekswissenschaftliche Fragen in den Text integrieren.

So richtig und wichtig dies im Einzelfall auch sein mag (und für eine vertiefende Lektüre unentbehrlich ist), so wird doch durch diese Vorgehensweise ein Problem zunächst einmal verschärft, zu dessen Lösung Techniken wissenschaftlichen Arbeitens gerade beitragen sollen, nämlich das des Information-overflow. Nicht erst die eigentliche Fachliteratur ist unübersichtlich und nur durch gezielte Selektionsstrategien zu bewältigen, sondern auch schon die Literatur, die die dazu nötigen Fähigkeiten vermitteln soll.

Dieses Selektionsproblem wird außerdem dadurch vergrößert, daß systematische Einführungen in die Techniken wissenschaftlichen Arbeitens an deutschen Universitäten eher die Ausnahme sind. Entsprechende Fähigkeiten werden häufig entweder stillschweigend vorausgesetzt oder man verweist ganz allgemein auf die entsprechende Literatur. Selten nur wird der essentielle Stellenwert der Aneignung und Beherrschung solcher Techniken für den Studien- und den späteren Berufserfolg deutlich gemacht.

Diese Kombination von unstrukturierter Informationsflut und vermeintlich nachgeordneter Relevanz der Thematik hat vielfach die oben schon genannte Konsequenz: Man setzt sich mit Methoden wissenschaftlichen Arbeitens gar nicht auseinander. Dies wiederum führt nicht selten dazu, daß Studierende bis weit ins Hauptstudium hinein weder korrekt zitieren noch bibliographieren können, sich mit der Strukturierung eines Themas schwer tun oder den für Referate vorgegebenen Zeitrahmen nicht einhalten können. Was mithin fehlt, ist eine knappe, gleichwohl aber alle wesentlichen Techniken wissen-

schaftlichen Arbeitens ansprechende Einführung für Studierende im Grundstudium, die einen relativ problemlosen Einstieg in die Thematik ermöglicht (denn man sollte auch nie vergessen, daß Techniken wissenschaftlichen Arbeitens Mittel zum Zweck, aber kein Selbstzweck sind).

Zur Schließung dieser Lücke soll der vorliegende Band beitragen. Aus den genannten Gründen ist er einerseits bewußt sehr kurz gehalten worden. Andererseits wird aber die ganze Bandbreite wissenschaftlichen Arbeitens angesprochen, wobei die nach meiner Erfahrung jeweils zentralen Techniken ganz im Sinn amerikanischer "How to..."- Lehrbücher anwendungsorientiert dargestellt werden.[1] Dabei wird insbesondere auch auf Probleme eingegangen, die bei der Wahl und Konkretisierung eines Themas und dem der damit verbundenen Notwendigkeit der Formulierung eines sog. "theoretischen Bezugsrahmens" auftauchen. Erfahrungsgemäß tun sich Studierende gerade mit diesem Punkt recht schwer, woran der etwas sperrige und ominöse Begriff des "theoretischen Bezugsrahmens" sicherlich nicht unschuldig ist. Die mit der Wahl und Konkretisierung eines Themas verbundenen Arbeitsschritte werden exemplarisch dargestellt anhand einer größeren empirischen Untersuchung, die auch als Vorbild für eine Examensarbeit dienen kann, sowie an der typischen Aufgabenstellung für eine Seminararbeit.

---

1   Wer bestimmte Aspekte vertiefend nachlesen will, dem sei die thematisch geordnete weiterführende Literatur empfohlen.

Ein weiterer wichtiger Gliederungspunkt dieses Bandes sind Hinweise zu Darstellungen von Arbeitsergebnissen, und zwar gerade auch zur mündlichen Präsentation. Forschungsergebnisse mögen noch so sensationell, verblüffend oder interessant sein - wenn man nicht in der Lage ist, diese auch professionell zu präsentieren, wird davon bei dem jeweiligen Publikum nicht viel ankommen. Gerade hinsichtlich der Vortrags- und Präsentationskultur ist an deutschen Universitäten noch einiges optimierungsbedürftig, ganz generell müßte dieser Aspekt wissenschaftlichen Arbeitens sehr viel ernster genommen werden.

Dieses Buch basiert neben einem Skript zur Einführung in wissenschaftliches Arbeiten für Studierende der Sozial- und Wirtschaftswissenschaften an der Universität Trier vor allem auf Lehrerfahrungen in Lehrforschungsprojekten und Seminaren, die ich in Zusammenarbeit mit Trierer Kollegen durchgeführt habe und deren Erfahrungen hier ebenfalls eingeflossen sind. Zu Dank verpflichtet bin ich Mechthild Cordes, Willy Eirmbter, Alois Hahn, Claudia Hennes und Paul Hill. Für vielfältige Hilfen bei der Manuskriptgestaltung und Endredaktion danke ich Isabel Dittgen, Sven Hinrichs, Nina Jakoby, Michael Kern und Inge Jansen. Für die gute Betreuung während der Manuskripterstellung und ein sehr gründliches abschließendes Korrekturlesen bedanke ich mich außerdem bei Susanne Beudt, Gerd Nollmann und Frank Schindler vom Westdeutschen Verlag.

2. Was ist wissenschaftliches Arbeiten?

Zunächst muß die Frage geklärt werden, was "wissenschaftliches Arbeiten" eigentlich ist, da der Begriff auf durchaus unterschiedliche Weise verwendet und mit unterschiedlichen inhaltlichen Vorstellungen verbunden wird. Weitgehender Konsens besteht in der einschlägigen Literatur insoweit, als "wissenschaftliches Arbeiten" eine Sammelbezeichnung für verschiedene, erlernbare Techniken zur Lösung bestimmter Probleme ist.

Divergenzen gibt es dann aber hinsichtlich der Begriffsextensionen, wobei man zwei Grundtypen unterscheiden kann, nämlich eine "enge" und eine "weite" Fassung des Begriffes. Zum **Kernbestand** der **engen Fassung**, die üblicherweise den eingangs erwähnten Einführungen zugrunde liegt, werden folgende Aspekte gezählt:

1. Informationsverarbeitung

- Informationsbeschaffung: Literaturrecherchen.

- Informationsaufnahme: Lese- und Hörtechniken.[2]

---

2 Auf Hörtechniken, die insbesondere für Vorlesungen relevant sind, werde ich in diesem Buch nicht weiter eingehen, sondern verweise auf Schräder-Naef 1994, S. 167 ff. Nur soviel sei hier angemerkt: Man sollte bei Vorlesungen erstens überhaupt zuhören und nicht mit den Nachbarn reden, zweitens eher weniger mitschreiben und vor allem Kernaussagen, Fragen

- Informationsauswertung: Anfertigung von Mitschriften, Exzerpten, Abstracts, Ablage und Ordnung schriftlichen Materials, Erstellung von Manuskripten und wissenschaftlicher Abhandlungen.

2. Gestaltung schriftlicher Arbeiten

- Gliederung und Aufbau einer wissenschaftlichen Arbeit.

- Korrektes Zitieren und Bibliographieren.

In einer **erweiterten Fassung des Begriffes** werden auch Techniken der Informationsvermittlung in Gruppensituationen (interaktive Informationsvermittlung) zu den Methoden wissenschaftlichen Arbeitens gezählt. Dazu gehören:

3. Informationsvermittlung

- Vorträge und Präsentationen.

- Medienwahl und Medieneinsatz.

---

und Unklarheiten notieren und drittens die Veranstaltungen nachbereiten. Zu allen Vorlesungen gibt es Lehrbücher (und in der Regel auch entsprechende Literaturlisten der Veranstalter), die man für diese Nachbereitung verwenden kann.

- Gestaltung von Präsentationsmaterial wie Folien, Postern oder Handouts.

- Moderation von Arbeitsgruppen.

Ausweislich der Stellenausschreibungen und der in Zeitschriften wie "Audimax", "Forum" oder "Unicum" immer mal wieder abgedruckten Interviews mit Personalchefs gewinnt für den späteren Beruf zudem eine Fähigkeit zunehmend größere Bedeutung, die recht allgemein mit "**soziale Kompetenz**" umschrieben wird. Darunter wird meist folgendes subsummiert:

- Erfahrung mit Gruppenarbeit.

- Teamfähigkeit.

- Souveränes Verhalten auch in neuen sozialen Situationen.

- Kommunikative Kompetenz und Transferkompetenz. Gemeint ist damit, daß man Informationen verständlich und anschaulich vermitteln kann.

Anders ausgedrückt: Soziale Kompetenz umfaßt all das, was auch ein effektives und effizientes wissenschaftliches Arbeiten charakterisiert.

Darüberhinaus zeichnet sich wissenschaftliches Arbeiten bzw. die wissenschaftliche Bearbeitung eines Themas natürlich dadurch aus, daß bestimmte Forschungsmethoden

13

(statistische Verfahren, Methoden und Techniken der empirischen Sozial- und Wirtschaftsforschung) angewendet werden. Da diese Methoden aber als weitgehend anerkannte Essentials einer wissenschaftlichen Ausbildung in mehr oder weniger ausgeprägter Form Bestandteil der Ausbildung der meisten sozial- und wirtschaftswissenschaftlichen Studiengänge sind und eine auch nur ansatzweise Behandlung dieses Themas den Rahmens des Buches bei weitem sprengen würde, wird hier auf die weiterführenden Literaturangaben verwiesen. Auch hier gilt aber die dringende Empfehlung, sich mit diesen wissenschaftlichen Forschungsmethoden im Rahmen des Studiums vertraut zu machen. Insbesondere für Sozialwissenschaftler erhöhen sich die Arbeitsmarktchancen deutlich, wenn diese über fundierte Methodenkenntnisse verfügen.

Diese **Einführung orientiert sich an der weiten Fassung des Begriffes "wissenschaftliches Arbeiten"**, welche Techniken der Informationsvermittlung mit einschließt. Das souveräne Beherrschen dieser Techniken wird für den Studienerfolg immer wichtiger und ist im späteren Beruf ebenfalls von großer Bedeutung. Zudem sollte man gerade nach einem "wissenschaftlichen" Studium, dessen Rohstoffe Wissen und Informationen sind, auch in der Lage sein, diese angemessen zu präsentieren. Im Grunde gehört diese Fähigkeit zum Handwerkszeug jedes Hochschulabsolventen. So wie man von Personen aus anderen Berufen erwartet, daß sie ihr "Handwerk" beherrschen, so sollte dies auch für Akademiker gelten. Bei wirklichen handwerklichen Berufen ist dies auch völlig unstrittig: Jemand, der einen Nagel nicht gerade einschlagen oder ein Brett nicht gerade absägen kann, wird mit

Sicherheit kein Schreiner werden können. Dagegen hat jemand, der einfach nicht in der Lage ist, vor Gruppen aufzutreten und Informationen zu vermitteln, trotzdem gute Chancen, eine deutsche Universität mit dem Diplom in der Tasche zu verlassen.

Der Grund für diese Diskrepanz liegt darin, daß Examensprüfungen primär schriftliche Prüfungen sind und man sich während eines Studiums nichtprüfungsrelevante Kenntnisse und Fähigkeiten vielfach eigenverantwortlich und selbstorganisiert aneignen muß. Die damit verbundene Freiheit macht ein Studium einerseits reizvoll, andererseits aber insofern auch schwierig, weil eine gezielte Anleitung und Orientierungshilfen oft fehlen.

Gerade wissenschaftliches Arbeiten lernt man - wie übrigens auch den Umgang mit einem PC - aber nur **durch konsequente praktische Anwendungen.** Die Vermittlung und Anwendung solcher Techniken sollte denn auch ein zentrales Lernziel von Veranstaltungen im Grundstudium sein. Leider werden diese Kompetenzen aber häufig von Lehrenden vorausgesetzt bzw. als Aufgaben in den eben erwähnten Bereich selbstorganisierten Lernens delegiert. Man kann Studierenden im Grundstudium hier nur empfehlen, im Zweifelsfall entsprechende Einführungen und Hinweise am Beginn eines Proseminars einzufordern und studienbegleitend immer wieder auch Rückmeldungen von den Lehrenden zu erbitten.

Besonders **gut geeignet** zum Erlernen und Einüben der Techniken wissenschaftlichen Arbeitens sind **Lehrfor-**

schungsprojekte, **Projektstudien** oder **Forschungspraktika**, in deren Verlauf ein bestimmtes Thema von einer Arbeitsgruppe selbständig zu bearbeiten ist und sich **Phasen von Einzelarbeit, Gruppenarbeit** und **Veranstaltungen im Plenum** abwechseln. Neben Phasen selbstorganisierten Lernens gibt es hier also immer wieder auch die Möglichkeit, Rückmeldungen und Hilfestellungen von den Dozenten zu bekommen.

Dringend zu empfehlen ist: Machen Sie von solchen Gelegenheiten Gebrauch, wo immer diese sich bieten - auch wenn es sich dabei nicht um unmittelbar prüfungsrelevante Veranstaltungen handelt. Sie lernen in solchen Veranstaltungen, sich in kurzer Zeit in ein konkretes Thema einzuarbeiten und die damit verbundenen Probleme termingerecht zu lösen. Sie erwerben damit erste Erfahrungen im Projektmanagement und im sog. "problemorientierten Lernen" (POL). Sie müssen Ihre Lösungsvorschläge in der Gruppe diskutieren und im Plenum präsentieren und sollten die Plenarveranstaltungen auch für kritische Nachfragen und Anmerkungen nutzen. Schließlich müssen Sie einen schriftlichen Bericht verfassen, der Ihre Arbeit und die erzielten Ergebnisse dokumentiert. Gerade das Üben von Präsentationen oder Erfahrungen mit Gruppenarbeit werden Ihnen nirgendwo so leicht gemacht wie in solchen Lehrveranstaltungen.

In diesem Zusammenhang muß auch betont werden, wie wichtig die Arbeit in einer Gruppe ist - auch und gerade, weil man sich im Rahmen eines Studiums vieles eigenverantwortlich aneignen muß. Erfahrungsgemäß sind Gruppenarbeiten bei Studierenden eher unbeliebt und zwar insbesondere dann, wenn es sich um Zwangsgruppen handelt, in denen man es zunächst mit nicht oder nur wenig bekannten Partnern zu tun hat. Die daraus häufig resultierenden Probleme sind: Unpünktlichkeit einzelner Mitglieder, mangelnde Motivation, unverbindliche Absprachen, nicht eingehaltene Termine, unerledigte Aufgaben, Trittbrettfahrermentalität (oder kurz: Gruppendynamik).

Didaktisch ist dies durchaus beabsichtigt und man sollte solche Erfahrungen gerade nicht vermeiden, sondern Probleme der Gruppenarbeit offensiv angehen. Die genannten Schwierigkeiten sind charakteristisch für viele Gruppensituationen - und im späteren Arbeitsleben hat man es im Normalfall immer mit Zwangsgruppen zu tun, bei denen man sich seine Kollegen nicht oder nur bedingt aussuchen kann. Es gehört wesentlich zu einer hohen sozialen Kompetenz, mit solchen Gruppenproblemen adäquat umzugehen. Nutzen Sie aus diesem Grund auch die Chance zu lernen, mit Gruppen zu arbeiten und sich wechselseitig zu disziplinieren, aber auch zu motivieren.[3]

---

3 Das soll übrigens nicht bedeuten, daß man aus falsch verstandener Solidarität Trittbrettfahrer über die gesamte Veranstaltungsdauer mitschleppt. Arbeitsteilung in einer Gruppe kann nicht bedeuten, daß einige Gruppenmitglieder sehr engagiert sind und andere gar nichts tun. Zum sachgemäßen Arbeiten in Gruppen gehört auch die Fähigkeit, in der Gruppe unlösbare Konflikte von anderer Seite - sprich von den Veranstaltern - lösen zu lassen, bevor diese Konflikte die Gruppenarbeit insgesamt zum Erliegen bringen.

Natürlich eignen sich Gruppen nicht für alle anfallenden Arbeiten. Beim Lesen von Fachliteratur, dem Anfertigen von Exzerpten oder dem Schreiben sonstiger Texte stört die Anwesenheit anderer häufig und lenkt von der eigentlichen Arbeit ab. Hier ist Einzelarbeit sinnvoller.

3. Techniken wissenschaftlichen Arbeitens

Im Rahmen eines Lehrforschungsprojektes oder Forschungspraktikums soll wissenschaftliches Arbeiten anhand eines konkreten Forschungsprojektes erlernt und eingeübt werden, wobei üblicherweise eine empirische Forschungsarbeit durchgeführt wird (etwa eine Befragung oder auch die sekundärstatistische Auswertung schon vorhandener Datensätze). Der damit verbundene Forschungsprozeß läßt sich in drei Phasen gliedern (vgl. Abbildung 1). Wie der Abbildung zu entnehmen ist, sind mit diesem Forschungsprozeß folgende Arbeitsschritte verbunden:

1. Wahl des Themas und erste Konkretisierung (Planungsphase).

2. Arbeits- und Zeitplan (Planungsphase).

3. Informationsbeschaffung: Literaturrecherchen (Planungsphase/Forschungsphase).

4. Informationsaufnahme und Informationsauswertung: Lesen, Exzerpieren, Archivieren, Systematisieren (Forschungsphase).

5. Informationsvermittlung: Erstellung von Präsentationen und Berichten (Forschungsphase/Präsentationsphase).

Man erkennt hier unschwer, daß damit alle im vorherigen Kapitel angesprochenen Formen wissenschaftlichen Arbeitens anzuwenden sind. Während der Arbeitsschritte 2 bis 4 muß das Forschungsthema sukzessive konkreter formuliert werden, d. h. es wird eine zunehmend detaillierte und systematische Gliederung erstellt, es werden einzelne Kapitel geschrieben, ein Untersuchungsplan aufgestellt, es werden Daten erhoben oder (bei Sekundäranalysen) beschafft und anschließend ausgewertet, Zwischenergebnisse und Ergebnisse präsentiert und ein Abschlußbericht geschrieben. Möglicherweise werden auch noch Folgerungen für weitere Forschungen formuliert oder bestimmte Maßnahmen empfohlen (dies ist allerdings primär bei Dritt-Mittel- und Auftragsforschung der Fall und für Seminar- und Examensarbeiten nicht von Bedeutung).

Der grobe Ablauf dieses Forschungsprozesses ist bei allen wissenschaftlichen Arbeiten identisch - ob es sich nun um eine Seminar-, Examens- oder Doktorarbeit oder um ein mehrjähriges Forschungsprojekt mit einer groß angelegten Befragung handelt. Dies gilt auch, wenn man "nur" eine Literaturarbeit anfertigen muß, ohne selber Daten zu erheben und auszuwerten. **Der Themenwahl folgt stets eine Phase der intensiven Begründung und Bearbeitung mit dem Ziel der abschließenden Darstellung in einer schriftlichen Arbeit.**

Natürlich stellt sich die eigentliche Forschungsphase in einer nichtempirischen Seminar- oder Examensarbeit größtenteils anders dar, da alle mit einer eigenen Untersuchung oder Sekundäranalyse verbundenen Arbeitsschritte hier wegfallen.

Stattdessen steht die Literaturanalyse, die in einem empiri-schen Projekt vorbereitenden Charakter hat, hier im Mittel-punkt und nimmt sehr viel größeren Raum ein. Das Ergebnis der Forschungsphase einer theoretischen Arbeit ist beispiels-weise ein systematischer Theorievergleich oder die exemplari-sche Darstellung der theoretischen Begründung eines be-stimmten Problems. Ob es sich nun aber um ein empirisches Projekt oder eine ausschließlich theoretische Arbeit handelt: im Regelfall werden vor der endgültigen Abgabe der Arbeit mündliche Präsentationen erwartet - Referate in Proseminaren und Seminaren, Zwischenberichte und Ergebnispräsentatio-nen in Lehrforschungsprojekten, Exposés von Examensarbei-ten oder Dissertationen in Kolloquien.

Abbildung 1:   *Phasen des Forschungsprozesses für eine empirische Arbeit*

PLANUNGSPHASE	Themenfindung/Problemstellung, Konkretisierung des Themas ⇓ Konstituierung von Arbeitsgrup-pen ⇓ Arbeits- und Zeitplan ⇓ Literaturanalyse, theoretischer Bezugsrahmen, Forschungsfragen → Hypothesenbildung

⇓

Operationalisierung, Indikatoren-
wahl

⇓

Grundgesamtheit, Stichprobe

⇓

Auswahlplan bzw. Datenbeschaf-
fung

FORSCHUNGSPHASE

⇓

Erhebungsinstrumente

⇓

Pretest

⇓

Hauptuntersuchung

⇓

Datenaufbereitung und
-auswertung

⇓

**PRÄSENTATIONS-
PHASE**

Ergebnispräsentation, Publikationen,

Folgerungen für weitere Forschung

⇓   ⇓

(Empfehlungen   (Evaluation)
von Maßnah-
men)

3.1 Wahl und Konkretisierung des Themas: Der theoretische Bezugsrahmen

Am Beginn jeder wissenschaftlichen Arbeit steht die nur auf den ersten Blick triviale Frage, welches Thema untersucht werden soll. Auf die Formulierung der **Themenstellung** und/oder der **Forschungsfrage** muß besondere Sorgfalt verwendet werden, weil diese den ganzen **weiteren Ablauf des Forschungsprozesses steuert.**

Bei Forschungspraktika oder Seminaren ist das (allgemeine) Thema vorgegeben, bei Examensarbeiten kann ein Thema frei gewählt werden, bei Promotionen ist dies in der Regel zwingend. In beiden Fällen ist aber der sich daran anschließende Schritt identisch: Das **Thema** muß **sukzessive eingegrenzt** und **konkretisiert** werden.

Dazu empfiehlt es sich, in der Arbeitsgruppe (oder auch allein)[4] zunächst mittels **Brain-Storming** alles zu notieren, was einem zu dem Thema einfällt und dieses dann auch zu ordnen. Bei größeren Arbeitsgruppen sollte ein Moderator dafür sorgen, daß die Diskussion nicht ausufert und die Bei-

---

4 In diesem Fall ist es sehr zu empfehlen, ein kurzes Exposé der geplanten Arbeit zu erstellen und dieses Papier zusammen mit den Schlagworten mit Kommilitonen und Betreuern zu diskutieren.

träge aller Gruppenteilnehmer berücksichtigt werden. Der Moderator selbst darf sich an der inhaltlichen Diskussion nicht beteiligen.

Empfehlenswert ist es, zu dieser ersten Strukturierung des Themas Karteikarten zu verwenden. Dabei sollte pro Karte genau eine Idee, ein Begriff oder Gedanke notiert werden, nicht mehr!! Damit ist sichergestellt, daß sich die Ideen und Vorstellungen in beliebiger Weise ordnen und strukturieren lassen, indem man die Karten verschiedenen Oberbegriffen zuordnet und auch Umstellungen vornehmen kann. Es empfiehlt sich, dies an einer Pinwand zu tun. Diese Vorgehensweise entstammt der **Moderationsmethode** (oder Metaplantechnik) und firmiert dort unter dem Begriff "**Kartenabfrage**" (mit Clustern/Klumpen der Karten).

Ziel dieser Übung ist es, eine konkretere Vorstellung über den jeweiligen Gegenstandsbereich zu entwickeln und einen **Schlagwortkatalog** für die Suche und Sichtung von Informationen zu erstellen. Dabei ist es hilfreich, wenn man schon vor diesem Brain-Storming zentrale Begriffe zu dem jeweiligen Thema in einschlägigen Fachlexika oder Handbüchern nachgeschlagen hat, um sich so einen ersten Überblick über das Thema zu verschaffen.

Wichtig ist hier: Diese erste Systematisierung des Themas kann nicht die letzte sein! Sie basiert auf mehr oder weniger ausgeprägten Vorkenntnissen, Vermutungen und Alltagshypothesen und muß im Zuge zunehmender Kenntnisse über das jeweilige Thema modifiziert werden.

Generell gilt: Verabschieden Sie sich von der Fiktion, daß einmal Geschriebenes sakrosankt ist und nicht mehr geändert werden muß oder darf - ob es sich nun um Schlagwortlisten, Gliederungen, einzelne Kapitel oder ganze Berichte handelt. Das Gegenteil ist der Fall. Bevor z. B. ein Forschungsbericht oder ein Lehrbuch publiziert wird, ist ein Manuskript mindestens fünfmal überarbeitet worden, die zugrundeliegende Gliederung mindestens zehnmal.[5]

Es ist außerdem dringend zu empfehlen, die Angst vor dem leeren Blatt zu überwinden und alle Ideen, Gedanken und Argumentationen schriftlich festzuhalten - und mögen sie auch noch so unausgegoren und vorläufig erscheinen. Einiges davon wird man im Laufe der Arbeit an einem Thema mit Sicherheit noch verwenden können.

Wenn ein Thema durch eine Arbeitsgruppe bearbeitet wird, dann sollten **alle Zwischenergebnisse und Arbeitspapiere auch für alle Gruppenmitglieder zugänglich archiviert werden** oder jedes Gruppenmitglied von jedem Papier eine Kopie erhalten. Empfehlenswert ist es hier beispielsweise, wenn studentische Arbeitsgruppen einen gemeinsamen Ordner führen, der in einem für alle zugänglichen Raum deponiert werden kann (etwa in einem Praktikumsraum). In einen solchen Ordner können dann die im Rahmen der Arbeit an einem Thema erstellten Papiere (Schlagwortliste, Literaturliste,

---

5 Im Regelfall werden Manuskripte noch häufiger überarbeitet.

Präsentationsmaterial usw.) mit Datum und Namen der Bearbeiter abgeheftet werden.

Dadurch wird die Verbindlichkeit der Gruppenarbeit erhöht und der Arbeitsfortgang für alle nachvollziehbar dokumentiert. Außerdem ist bei einem gut geführten Ordner der Ausfall gerade des für ein Thema kompetenten Gruppenmitgliedes bei einer Präsentation oder Einzelberatung nicht weiter tragisch. Denn was bei Lehrenden ausgesprochen unbeliebt ist, sind Ausreden wie: "Das hat der X gemacht, der ist heute aber leider krank und hat alle Unterlagen zu Hause." Wenn ein Thema von einer Arbeitsgruppe bearbeitet wird, dann erhöht eine interne Arbeitsteilung die Produktivität der Gruppe. Gleichwohl ist jedes Gruppenmitglied in gleicher Weise für das Thema zuständig und verantwortlich und muß jederzeit in der Lage sein, über den Stand der Arbeit, Ergebnisse oder auch Probleme Auskunft geben zu können.

Bei der Formulierung und Konkretisierung des Themas handelt es sich um einen iterativen Prozeß, während dessen eine zunächst sehr allgemeine Idee ein verticfendes Literaturstudium initiiert und dabei sukzessive präzisiert wird. Das Ergebnis dieses Prozesses ist der sog. **"theoretische Bezugsrahmen"**.

Dabei gilt grundsätzlich: Wie auch immer ein Arbeitsthema und die damit verbundenen Forschungsziele und Erkenntnisinteressen aussehen, ob es sich etwa "nur" um explorative Forschung handelt, bei der man an der Verteilung bestimmter Merkmale interessiert ist, oder um hypothesentestende Forschung, mit der Zusammenhangsvermutungen überprüft werden sollen oder ob ein Problem unter Verwendung ganz bestimmter Theorien, Axiome, Argumente und Begriffe "nur" theoretisch diskutiert werden soll: **Das Thema, damit zusammenhängende Forschungsfragen und (bei empirischen Arbeiten) angewendete Untersuchungsmethoden sind immer das Ergebnis einer Auswahl aus einer Vielzahl von möglichen Fragen. Diese Auswahl muß begründet werden, und dazu dient der theoretische Bezugsrahmen.**

Denn anders als in den Naturwissenschaften, die in sehr viel höherem Maße mit gut bestätigten, weitgehend konsensfähigen Theorien, Standardverfahren und formalisierten Modellen arbeiten, sind in den Sozial- und Wirtschaftswissenschaften Forschungsergebnisse theorie- und methodenabhängig. Dies liegt an der besonderen Beziehung von Forschern und ihrem Untersuchungsgegenstand. Neben dem Umstand, daß Forscher selbst ein Element des jeweils untersuchten Objektbereichs sind (als Wähler, als Konsumenten, als Staatsbürger, usw.) ist hierbei von Bedeutung, daß die Forschungsobjekte auch autonom handelnde Subjekte sind, die unmittelbar oder langfristig auf bestimmte Untersuchungen reagieren können. Im ersten Fall kann man sich beispielsweise in einer Befragung anders darstellen als man "wirklich" ist, indem man sich etwa sozial wünschenswert verhält. Im zweiten Fall orientiert man seine Handlungen an bestimmten Forschungsergebnissen - mit dem Effekt, daß diese dann in der ursprünglichen Form nicht mehr gelten. So haben beispielsweise die vom "Spiegel" und von anderen Zeitschriften durchgeführten Uni-Rankings dazu geführt, daß gut bewertete Universitäten bzw. Fächer sich in der Folge einer verstärkten Nachfrage ausgesetzt sahen. Gut bewertet wurden typischerweise kleinere, neu gegründete Universitäten in Mittelstädten, weil dort aufgrund der niedrigeren Studierendenzahlen auch die Studienbedingungen besser waren als an den Massenuniversitäten der Großstädte. Dieser Umstand wurde durch eine verstärkte Nachfrage tendenziell natürlich zunichte gemacht.

Man sieht an diesen Beispielen, daß Forschung in den Sozialwissenschaften in sehr viel stärkerem Maße als in den Naturwissenschaften unbeabsichtigt ihren Gegenstand verändert. Um solche Effekte besser einschätzen zu können, ist die Präsentation der Ergebnisse einer Untersuchung beileibe nicht ausreichend, vielmehr müssen im Interesse einer intersubjektiven Nachvollziehbarkeit alle Phasen des Forschungsprozesses dokumentiert werden.

Durch den theoretischen Bezugsrahmen werden also nicht nur das Thema und die Forschungsfrage begründet, vielmehr bestimmt dieser Rahmen bei empirischen Untersuchungen auch die Untersuchungsfragen und -dimensionen, etwa für eine Befragung sowie die einzusetzende Methodik. Schließlich werden die empirischen Ergebnisse vor dem Hintergrund der im theoretischen Bezugsrahmen formulierten Annahmen und Hypothesen interpretiert. Bestimmte Schlußfolgerungen der Autoren sind deshalb nur nachvollziehbar, wenn man deren zugrundeliegenden theoretischen Annahmen kennt.

Die Art der theoretischen Aufbereitung und Darstellung eines Themas ist damit der Kern der eigentlichen wissenschaftlichen Arbeit. Wie ein solcher theoretischer Bezugsrahmen aussehen kann, wird deshalb im folgenden anhand von zwei Fallbeispielen demonstriert.

Bei dem ersten Fall handelt es sich um ein typisches Hausarbeitsthema für eine Seminararbeit, in der die Entwicklung und der Stand der Diskussion zu einem Thema exemplarisch dargestellt werden sollen.

Der zweite Fall entstammt einem empirischen Forschungsprojekt und kann als Beispiel für eine empirische Examensarbeit oder Dissertation dienen. Dabei soll man sich nicht von der Tatsache irritieren lassen, daß im Rahmen dieses Projektes eine bundesweite repräsentative Befragung durchgeführt wurde. Eine solche Befragung ist aufgrund der damit verbundenen Kosten für eine Examensarbeit natürlich nicht zu leisten. Unabhängig von der Art der empirischen Umsetzung ist die Vorgehensweise bei der theoretischen Begründung einer empirischen Untersuchung aber vergleichbar. Auch wenn das Thema "AIDS", um das es in diesem Projekt ging, nicht in einer allgemeinen Bevölkerungsumfrage, sondern beispielsweise in einer Umfrage unter Studierenden einer Universität untersucht worden wäre, hätten die Forschungsfrage und daraus resultierende Hypothesen ausführlich begründet werden müssen. Dies gilt auch für Sekundäranalysen bereits erhobenen Datenmaterials: Eine erneute Auswertung dieser Daten, die im Regelfall unter einer anderen Fragestellung bzw. Perspektive erfolgt (ansonsten könnte man sich das ganze ja auch sparen) muß ebenfalls theoretisch fundiert werden.

Beispiel 1: Seminararbeit

In einer Hausarbeit wird häufig verlangt, den Stand der Diskussion zu einem bestimmten Thema kritisch darzustellen (als grobe Orientierung für den Umfang einer solchen Arbeit werden zumeist 10 bis 20 Seiten genannt). Ziel dieser Übung ist es, den Umgang mit wissenschaftlicher Literatur zu lernen, ein Thema zu präzisieren, einzugrenzen und in relativ kurzer Zeit unter Beschränkung auf das Wesentliche zu bearbeiten. Im Rahmen von Veranstaltungen zur Sozialstrukturanalyse spielt beispielsweise der Begriff der sozialen Ungleichheit eine wesentliche Rolle und kann auf unterschiedliche Weise behandelt werden.

Zunächst ist also zu klären, was unter dem weiten Begriff "Soziale Ungleichheit" zu verstehen ist. Dazu sind die schon erwähnten Fachlexika und Handwörterbücher sehr hilfreich. Danach wird unter dem Begriff jede Art der verschiedenen Möglichkeiten der Teilhabe an gesellschaftlich relevanten Ressourcen verstanden, die gruppenspezifisch variiert. Abhängig von der Art der gesellschaftlichen Organisation werden solche Gruppen als Kasten, Stände, Klassen oder Schichten bezeichnet. Für moderne Industriegesellschaften werden Schichten als typisch angesehen, gerade dieses Konzept ist aber seit den achtziger Jahren verstärkt kritisiert worden.

Schon aus dieser sehr knappen Explikation des Begriffes lassen sich zwei unterschiedliche Themen für Seminararbeiten ableiten. Man kann die Entwicklung des Begriffes darstellen und die verschiedenen Ausprägungen sozialer Ungleichheit (Kasten, Stände, usw.) vergleichend diskuieren oder aber man greift die aktuelle Diskussion auf und befaßt sich mit dem Schichtungsbegriff. Aufhänger für dieses Thema kann die in Auseinandersetzung mit diesem Begriff entwickelte Kritik an gruppenspezifisch organisierten Ungleichheitsbegriffen sein, wie sie in Formulierungen wie "jenseits von Klasse und Schicht" und in der von Beck vorgetragenen "Individualisierungsthese" deutlich wurde.

Dazu muß dann zunächst der Schichtungsbegriff expliziert werden: Was ist unter dem Begriff zu verstehen? Welche Indikatoren werden zur Messung von Schichtzugehörigkeit verwendet? Im Anschluß daran sind dann die kritischen Einwände und alternative Konzepte (Lebensstilforschung) vorzustellen. Auch diese sind natürlich nicht kritiklos übernommen worden, so daß auch die Gegenkritik zu berücksichtigen ist. Beschließen sollte man die Arbeit mit einem Fazit oder Resumée, in dem die vorgetragenen Argumente zu einer Synthese (Milieukonzepte) gebündelt werden.

Thesenartig formuliert könnte eine solche Arbeit folgendermaßen aufgebaut sein:

Hausarbeit
Soziale Ungleichheit in modernen Industriegesellschaften:
Kritik am Schichtungsbegriff[6]

• Die Beck'sche Individualisierungsthese, formuliert als Kritik an strukturalistischen Vorstellungen und einem Denken an traditionellen Kategorien von Großgruppengesellschaften - Klassen oder Schichten, impliziert, daß moderne Industriegesellschaften durch eine zunehmend atomistische Sozialstruktur zu charakterisieren sind.

6 Literatur, die für eine solche Arbeit zu verwenden wäre, ist beispielsweise: Beck, U.: Risikogesellschaft, Frankfurt 1986; Bourdieu, P.: Die feinen Unterschiede. Kritik der gesellschaftlichen Urteilskraft, Frankfurt, 3. Aufl. 1984; Bourdieu, P.: Ökonomisches Kapital, kulturelles Kapital, soziales Kapital, in: Kreckel, R. (Hrsg.): Zur Theorie sozialer Ungleichheiten, Göttingen 1983, S. 183-198; Geiger, Th.: Die soziale Schichtung des deutschen Volkes, Stuttgart 1987; Geißler, R. (Hrsg.): Soziale Schichtung und Lebenschancen, Stuttgart 1987; Geißler, R.: Kein Abschied von Klasse und Schicht. Ideologische Gefahren der deutschen Sozialstrukturanalyse, in: Kölner Zeitschrift für Soziologie und Sozialpsychologie, 48, 1996, S.319-338; Hradil, S.: Sozialstrukturanalyse in einer fortgeschrittenen Gesellschaft: Von Klassen und Schichten zu Lagen und Milieus, Opladen 1987; Hradil, S.; Berger, P. (Hrsg.): Lebenslagen, Lebensläufe, Lebensstile, Göttingen 1990; Scheuch, E. K.; Daheim, H.: Sozialprestige und soziale Schichtung, in: Glass, D. W.; König, R. (Hrsg.): Soziale Schichtung und soziale Mobilität, Opladen, 4. Aufl. 1970, S. 65-103; Schulze, G.: Die Erlebnisgesellschaft. Kultursoziologie der Gegenwart. Frankfurt 1992.

- Dazu steht im Widerspruch, daß die Orientierung an Vertrautem, an Typischem und Normalem für viele Menschen nach wie vor eine hohe Bedeutung hat. Zwar ist unbestritten, daß Großgruppen oder besser gesagt Aggregate wie Schichten nicht mehr für alle Bereiche des Lebens Orientierungsmaßstäbe setzen. Insofern ist der Begriff der "Pluralisierung" von Lebensweisen und Lebensstilen der Entwicklung angemessener als der der "Individualisierung". Gegen Beck wird eingewendet, daß er nicht deutlich macht, welche Gruppen sich "jenseits von Klasse und Schicht" stattdessen konstituieren.

- Zudem ist nach wie vor sehr fraglich, ob die soziale Lage an formativer Kraft wirklich in dem Maß verloren hat, wie es diese Formulierung nahelegt. Eine Vielzahl von empirischen Befunden verweist darauf, daß soziale Ungleichheit in der Bundesrepublik nach wie vor in deutlichem Maße auch vertikal strukturiert ist.

- Solche vertikalen sozialen Lagen werden als soziale Schichten bezeichnet. Darunter versteht man Sozialkategorien von Menschen, die durch gleiche oder weitgehend ähnliche Ausprägungen eines oder mehrerer empirisch nachweisbarer Schichtungsmerkmale gekennzeichnet sind. Typisch ist dabei auch, daß mit den unterschiedlichen Ausprägungen dieser Merkmale auch ein unterschiedlicher Zugang zu knappen Ressourcen und eine unterschiedliche soziale Wertschätzung verbunden ist. Die Schichtzugehörigkeit einer Person ist eine zentrale sozialwissenschaftliche Kategorie und wird in vielen Untersuchungen als wichtiges erklärendes Merkmal verwendet, d.h. feststellbare Unterschiede zwischen Personen können (auch) auf deren unterschiedliche Schichtzugehörigkeit zurückgeführt werden. So zeigt sich etwa, daß Morbidität und Mortalität in der Unterschicht höher sind als in der Mittel- und Oberschicht. Angehörige unterschiedlicher Schichten haben zudem unterschiedliche Lebensziele und Wertvorstellungen, unterschiedliche kulturelle Präferenzen, usw..

- Als wesentliche und empirisch nachweisbare Schichtungsmerkmale wurden jahrzehntelang die Dimensionen "Bildung", "Einkommen" und "Prestige" angesehen. Als Indikatoren dafür wurden die Formalbildung, Einkommensklassen und die berufliche Position verwendet. Die Merkmalsausprägungen dieser Indikatoren wurden einzeln gemessen, und die Schichtzugehörigkeit einer Person dann bei der Datenanalyse durch Verknüpfung der Einzelindikatoren ermittelt. Besonders bekannt dürfte in diesem Zusammenhang der Scheuch'sche Schichtungsindex sein. Zur Konstruktion dieses Index' wurden den Merkmalsausprägungen der drei genannten Indikatoren Punktwerte zugeordnet und diese dann addiert. Das komplexe Merkmal Schichtzugehörigkeit wurde in sechs Ausprägungen untergliedert, und zwar in "untere Unterschicht", "obere Unterschicht", "untere Mittelschicht", "mittlere Mittelschicht", "obere Mittelschicht" und "Oberschicht". Entsprechend dem erreichten Summenwert wurden die Befragten dann einer dieser Schichten zugeordnet.

- Dieser herkömmliche Schichtungsbegriff ist kritikwürdig und kritikbedürftig. Kritisiert wurde daran zunächst schon der Begriff selbst, da die aus der Geologie übernommene Metapher leicht suggeriert, es gäbe durch klare Trennungslinien abgegrenzte und stets vertikal angeordnete Schichten, die sich dann auch durch geeignete Meßverfahren erfassen ließen. Demgegenüber ist ein ungelöstes Dauerproblem der Soziologie sozialer Ungleichheit die Ermittlung der Zahl von Schichten oder Klassen, die zwischen 2 und 6 (wobei die Obergrenze schwerer zu bestimmen ist als die Untergrenze) variieren. Eine eindeutige Grenzziehung zwischen einzelnen Schichten ist mithin nicht möglich. Schichten sind vielmehr an ihren Rändern unscharf und stellen eher ein Kontinuum dar, in welches die Sozialforschung zum Zweck der Abgrenzung erst Trennlinien einzieht.

- Weiter wird kritisiert, daß der Begriff zu abstrakt, zu formalistisch und insbesondere zu eng gefaßt ist und sich ausschließlich auf ökonomische Aspekte sozialer Ungleichheit beschränkt. In diesem Zusammenhang werden alte und neue Formen sozialer Ungleichheit unterschieden. Erstere hängen alle mit Erwerbstätigkeit und ökonomischen Chancen zusammen - Geld, Bildung, Prestige, Macht. Letztere liegen außerhalb dieser Sphäre - z. B. Alter bzw. genauer gesagt Kohortenzugehörigkeit, Geschlecht und regionale Herkunft.

- In engem Zusammenhang mit der Ökonomisierung, mit der Dominanz von Merkmalen der sozialen Lage, steht die

Objektivierung von Schichtkonzepten. "Objektive" Lebensumstände rücken in den Vordergrund. Nicht der Lebensstil und die innere Haltung, sondern die äußere Lage wurde konstitutiv für Schichtzugehörigkeit. Ursprünglich spielten dagegen Denk- und Verhaltensweisen von Menschen bei der Thematisierung von sozialer Ungleichheit eine nicht unbedeutende Rolle, etwa bei Weber oder bei Geiger.

• Dieser letzte Aspekt wurde von der sog. Lebensstilforschung aufgegriffen, wobei solche subjektiven Aspekte teilweise sogar völlig von objektiven Lebensbedingungen abgekoppelt und als eigenständige, "unabhängige" (und insofern erklärende, aber nicht mehr erklärte) Variable für die Ausgestaltung der Alltagspraxis (Konsumverhalten, Wahlverhalten, Jugendprotest usw.) angesehen. wurden. Diese Position ist aber ebenfalls kritikwürdig und hat sich nicht halten lassen, denn nach wie vor korrelieren äußere Lebensbedingungen im Sinne von Chancen oder Restriktionen hoch mit bestimmten Sichtweisen.

• Neuere Ansätze, wie etwa bestimmte Milieu-Konzepte, versuchen deshalb, objektive und subjektive Aspekte sozialer Ungleichheit zu integrieren. Dabei ist natürlich die Frage von Interesse, wie diese Aspekte theoretisch integriert werden. Herkömmliche Sozialstrukturkonzepte nahmen lineare Kausalbeziehungen zwischen überindividuellen Strukturen als Rahmenbedingungen von Handeln, der Wahrnehmung und Nutzung solcher Bedingungen, bestimmten für Orientierung und Handlung relevanten

Werten und Normen sowie schließlich den faktischen Realisierungen von Handlungsweisen an. Das Sein bestimmt in dieser Vorstellung das Bewußtsein, äußere, strukturelle Umstände determinieren individuelle Handlungen und Einstellungen. Dagegen geht man in Milieu-Theorien von einer Interdependenz dieser Ebenen aus. Dies liegt nicht zuletzt auch daran, daß klassische Schichtungsmerkmale zunehmend weniger Varianz in empirischen Untersuchungen erklären. Das Sein bestimmt nicht mehr umstandslos das Bewußtsein, andererseits sind Individuen natürlich nach wie vor nicht frei von äußeren Zwängen, sondern haben nur mehr Möglichkeiten, auf diese zu reagieren.

• Dabei spielt auch eine Rolle, daß Restriktionen nicht mehr für alle, die ihnen unterworfen sind, auch die gleiche Relevanz haben, sondern individuell unterschiedlich bewertet werden können und dann auch andere Handlungen zur Konsequenz haben. Welche Bedeutung bestimmte Arbeits- oder Freizeitbedingungen, Maßnahmen sozialer Sicherung, Kriminalitätsraten, die Unterbringung von Asylbewerbern oder der Bau von Atomkraftwerken haben, ist eine Frage subjektiver Interpretationen und Situationsdefinitionen und wird durch den jeweiligen Umstand als solchen (auch bei "objektiv" gleicher Betroffenheit) nicht determiniert. Man könnte hier vermuten, daß genau dies in letzter Konsequenz dann doch zur "Individualisierung" von sozialer Ungleichheit führt, denn wie jemand objektive Gegebenheiten interpretiert und auf sie reagiert, wird von Faktoren bestimmt, die individuell sehr unterschiedlich sein können, so daß sich gemeinsame Betroffenheiten dann nicht mehr feststellen lassen. Dies ist aber nicht der Fall, denn ähnlich wie sich Aspekte objektiver Ungleichheit zu typischen sozialen Lagen verbinden, wirken auch subjektive Faktoren in typischer Weise. In sozialen Beziehungen entwickeln sich in aller Regel gemeinsame Vorstellungen, Definitionen, Sichtweisen von realen Phänomenen, wozu auch die Bewertung und Einschätzung von strukturellen Rahmenbedingungen zählen. Sowohl restriktive, durch Knappheit zu charakterisierende Kontexte als auch große Wahlmöglichkeiten, die beide dadurch auch Unsicherheit generieren, motivieren in besonderer Weise zu kollektiven Deutungs- und Bewältigungsmustern, die Individuen von dem Druck der isolierten Bewältigung entlasten.

• Daß es enge Verbindungen zwischen Mentalität und sozialer Lage, zwischen Sein und Bewußtsein gibt, hängt mit Mechanismen der Segregation zusammen. Sehr oft sind die für die Einzelnen relevanten Gruppen hinsichtlich bestimmter, prägender Merkmale homogen zusammengesetzt (am Arbeitsplatz, in der Nachbarschaft, im Freundeskreis) und werden als umso alternativen- und damit auch fragloser erfahren, je mehr Merkmale intern ähnlich ausgeprägt sind und je weniger unterschiedlich strukturierte Gruppen für das Individuum relevant sind. Interaktive Interpretationsprozesse und kollektive Erfahrungen sorgen damit für ähnliche Beurteilungen von objektiven Gegebenheiten. Personen mit ähnlichen Sozialisations- und Lebenserfahrungen weisen mit großer Wahrscheinlichkeit auch ähnliche Interpretationsmuster, Wertvorstellungen und Handlungsdispositionen auf.

Diese Thesen, die man auch als Zusammenfassungen der einzelnen Abschnitte einer Hausarbeit auffassen kann, sind in einer tatsächlichen Hausarbeit natürlich ausführlicher zu begründen und durch entsprechende Litarturhinweise und Quellenangaben zu belegen.

Beispiel:2: Empirisches Projekt

1988 hat der damalige Bundesminister für Forschung und Technologie (BMFT) einen neuen Förderschwerpunkt "Sozialwissenschaftliche AIDS-Forschung" ausgeschrieben und Mittel zur Erforschung bestimmter mit AIDS verbundener Probleme bereitgestellt. Ein Themenbereich, der in diesem Kontext untersucht werden sollte, war das gesellschaftliche Klima für Betroffene. Anlaß für Forschungsbedarf auf diesem Gebiet sah man, weil trotz der Tatsache, daß HIV durch normale Alltagskontakte nicht übertragbar ist, infizierte Personen nach Bekanntwerden ihres Serostatus zum Teil sehr massiven Stigmatisierungs- und Ausgrenzungsprozessen ausgesetzt waren und dem krankheitsbedingten vorzeitigen Tod dadurch vielfach auch noch ein sozialer Tod voranging.

Diese Ausschreibung war Anlaß für einen Forschungsantrag mit dem Titel "AIDS und die gesellschaftlichen Folgen",[7] der bei dem BMFT eingereicht wurde. In diesem Antrag wurde ein Forschungsvorhaben theoretisch begründet, welches auf der grundlegenden Annahme basierte, daß Vorstellungen, die man subjektiv für richtig oder zutreffend hält, unabhängig von ihrer "objektiven" Richtigkeit reale und damit objektive Konsequenzen haben. Reaktionen auf AIDS sind damit abhängig von bestimmten grundlegenden Einschätzungen und Interpretationen der Krankheit. Dabei scheinen für Verhalten unter Unsicherheit, wozu bedrohliche Krankheiten wie AIDS

---

7   Dieses Projekt habe ich zusammen mit Willy H. Eirmbter und Alois Hahn durchgeführt.

40

an exponierter Stelle zu nennen sind, Alltagsvorstellungen und Alltagstheorien oft von größerer Bedeutung zu sein als das Expertenwissen der Wissenschaft, wie es beispielsweise in Aufklärungskampagnen über AIDS Verwendung findet. Wissenschaftliches Wissen ist stets nur ein vorläufiges und hypothetisches Wissen und darum typischerweise nicht dazu geeignet, Orientierungs- und Handlungssicherheit zu bieten - insbesondere nicht in vagen und unklaren, aber möglicherweise existentiell bedrohlichen Situationen. Zudem bietet Wissenschaft keine Sinnerklärungen. Demgegenüber sind Handlungsorientierungen und Sinnerklärungen integrale Bestandteile nichtwissenschaftlicher Wissensformen.

Diese zentrale Annahme mußte unter Verwendung der relevanten Literatur theoretisch begründet und sukzessive mit Blick auf das Untersuchungsfeld Krankheiten/AIDS präzisiert werden.

Wiederum sehr kurz und thesenartig zusammengefaßt sah die theoretische Begründung der Ausgangsannahme so aus:

- Für Verhalten unter Unsicherheit ist das Laienwissen des Alltags oft von größerer Bedeutung als das Expertenwissen der Wissenschaft. Laienwissen ist im Vergleich zu wissenschaftlichem Wissen stabiler und subjektiv eher verfügbar. Hinzu kommt, daß wissenschaftliches Wissen keine Sinnerklärungen bietet, während dies ein zentraler funktionaler Aspekt von Laienwissen ist. Letzteres bietet deshalb für Orientierungs- und Handlungssicherheit die besseren Voraussetzungen.

- Beide Formen des Wissens sind Produkte sozialer Prozesse und beinhalten kein wahres Wissen in einem ontologischen Sinn. Allerdings war und ist wissenschaftliches Wissen oft sehr erfolgreich bei der Lösung bestimmter Alltagsprobleme, wie sich im Fall der Medizin überaus deutlich gezeigt hat. Dies führt dazu, daß wissenschaftliches Wissen vielfach doch als Synonym für wahres Wissen interpretiert wird und dementsprechend an die Wissenschaft nicht erfüllbare Erwartungen gerichtet werden. Bei Erwartungsenttäuschungen - vor allem bei existentiellen Fragen wie schweren Krankheiten - wird dann aber umso eher auf "bewährte" und stabile Wissensbestände des Alltags zurückgegriffen. Bei diesen Wissensbeständen handelt es sich um kulturell geprägte Deutungsmuster, bei denen die Wahrnehmung von Krankheiten und ihre Bewertung nicht voneinander zu trennen sind. Zu wissen, daß jemand schwer krank ist, löst gleichsam automatisch bestimmte Emotionen und Erwartungen aus, wobei es von der Beziehung zu der erkrankten Person abhängt, wie diese Emotionen aussehen.

- Für Krebs ist dieser Zusammenhang gut belegt. Krebs als vergleichsweise neu aufgetretene (im Sinn massenhafter Verbreitung) und unheimliche Erkrankung wird mit anderen Krankheiten wie TBC oder der Pest assoziiert. Neben diffusen Ansteckungsängsten, die zu Kontaktmeidungswünschen führen, läßt sich auch beobachten, daß die Entstehung von Krebs auf schuldhaftes Verhalten zurückgeführt und als "Strafe" für moralische Verfehlungen interpretiert wird. Dabei wird Krebs, wie entsprechende Untersuchungen gezeigt haben, insbesondere mit "unsolider Lebensweise" und "sexuellen Ausschweifungen" in Verbindung gebracht.

- Im Fall von AIDS dürften Ansteckungsängste und diese Inbeziehungsetzung von Krankheit, Moral und Schuld von noch größerer Bedeutung sein als bei Krebs, da AIDS tatsächlich eine infektiöse und sexuell übertragbare Krankheit ist und zufällig in westlichen Industrienationen Homosexuelle die Erstbetroffenen waren. Hinzu kommt, daß die Existenz von AIDS generell zu Verunsicherungen und Erwartungsenttäuschungen geführt hat, da AIDS in einer Zeit virulent wurde, in der die Medizin Infektionskrankheiten endgültig besiegt zu haben schien. AIDS hat mithin alte Ängste vor Seuchenzügen und massenhaftem Sterben wiederbelebt.

- Legitimationsverluste wissenschaftlichen Wissens hängen also damit zusammen, daß diese Form des Wissens Erwartungen nach Verläßlichkeit, Beständigkeit oder Wahrheit aufgrund ihrer eigenen Funktionslogik grundsätzlich nicht gerecht werden kann. Wissenschaftliche Theorien können schon morgen widerlegt sein - wofür die Geschichte der Medizin ebenfalls Beispiele liefert. Hinzu kommen "hausgemachte" Vertrauenskrisen, für die zwar nicht spezifische Formen des Wissens verantwortlich sind, wohl aber Experten, die sich dieses Wissens üblicherweise bedienen. Der Vertrauensverlust kann hier aufgrund der existentiellen Bedrohlichkeiten von Fehlleistungen ein totaler sein: Nicht nur einzelne Personen werden unglaubwürdig, sondern das System, welches diese Personen repräsentieren, verliert insgesamt an Glaubwürdigkeit.

Es gibt somit durchaus nachvollziehbare Gründe, warum Erkenntnisse oder Empfehlungen der Wissenschaft nicht in das handlungsleitende Alltagswissen übernommen werden - und zwar insbesondere dann, wenn unter Verweis auf wissenschaftliche Erkenntnisse die Unbedenklichkeit oder Ungefährlichkeit bestimmter Sachverhalte (etwa normaler Kontakte der Alltagsroutine mit infizierten Personen) betont wird, wo ein Irrtum aber fatale Konsequenzen hat (wenn sich herausstellen sollte, daß solche Kontakte doch infektiös sind).

- Es dürften sich mithin idealtypisch mindestens zwei deutlich getrennte Syndrome der Einschätzung von AIDS beobachten lassen, die dann auch je unterschiedliche Handlungskonsequenzen haben. In dem einen Fall wird AIDS entprechend der bisherigen medizinischen Erkenntnisse und des offiziellen Aufklärungswissens eher als ein vermeidbares Risiko eingeschätzt, vor dem man sich - gegebenenfalls - durch eigene Verhaltensweisen schützen kann. D. h. es ist durchaus sinnvoll, bestimmte Situationen zu vermeiden, zur Stigmatisierung und Meidung Betroffener wird dagegen kein Anlaß gesehen. In dem anderen Fall wird AIDS als hochinfektiöse Krankheit eingeschätzt und gefürchtet, von der man - im Extremfall - glaubt, daß sie wie eine Erkältung übertragen werden kann. AIDS erscheint als Gefahr, die sich durch individuelle Maßnahmen kaum vermeiden läßt - außer durch Meidung und Ausgrenzung schon infizierter oder erkrankter Personen.

• Dabei ist zu vermuten, daß die Fähigkeit, mit Unsicherheiten umzugehen, sozial unterschiedlich verteilt ist. Sicherheit und Selbstvertrauen, Angstfreiheit und das Gefühl, Probleme selbst bewältigen zu können, sind Funktionen spezifischer Lebensumstände, spezifischer Kohorten- und Sozialisationsschicksale. Sozialer Status (bestehend aus Bildungs- und Berufsstatus), das Lebensalter oder der sozialräumliche Kontext sind Indikatoren für unterschiedliche Chancen und Erfahrungsmöglichkeiten, wobei Jugend, höherer sozialer Status oder urbane Lebensweise Formen der besseren Zugänglichkeit zu einer generellen Ressource "Handlungs- und Gestaltungskompetenz" darstellen. Insofern dürfte - abgehoben von der objektiven Bedrohung durch AIDS - der Risiko-Habitus überdurchschnittlich häufig bei jüngeren, besser gebildeten und beruflich eta-

blierten Städtern zu beobachten sein, während spiegelbild-
lich der Gefahr-Habitus insbesondere bei älteren Personen
aus einem dörflichen oder kleinstädtischen Umfeld mit
niedrigem sozialen Status anzutreffen ist. Grafisch läßt
sich diese Überlegung in folgendem Modell zusammenfas-
sen (vgl. Abbildung 2):

Abbildung 2:   *Schematisches Kausal-Modell für einen*
                    theoretischen Bezugsrahmen

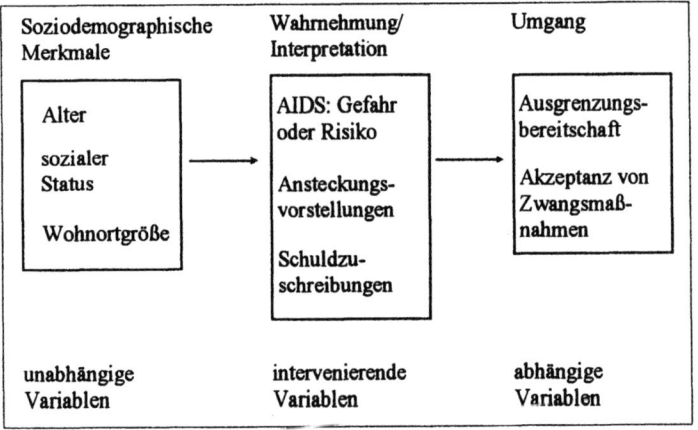

Aus diesem theoretischen Bezugsrahmen wurden folgende
zentrale Forschungsfragen abgeleitet:

• Welche AIDS-spezifischen Krankheitsvorstellungen, Ansteckungsängste und Handlungsdispositionen, die zusammenfassend als Habitus bezeichnet wurden, sind in der
  Bevölkerung anzutreffen?

- Entsprechen diese Habitus inhaltlich den theoretischen Überlegungen?
- Sind diese Habitus entsprechend der letzten These sozialstrukturell verteilt?

Daraus wiederum haben sich folgende Untersuchungsdimensionen ergeben:

- Wissen über AIDS.
- Ansteckungsvorstellungen und -ängste.
- Alltagstheoretische Krankheitsvorstellungen und Schuldzuschreibungen.
- Tendenzen zur Meidung und Ausgrenzung Betroffener.
- Einstellung zu staatlichen Zwangsmaßnahmen.
- Reale Ansteckungsrisiken, denen Befragte ausgesetzt sind.

In der Operationalisierungsphase wurden für diese Untersuchungsdimensionen Indikatoren entwickelt und ein Fragebogen erstellt. Entsprechend der theoretischen Begründung der Untersuchung und der daraus abgeleiteten Forschungsfragen und Hypothesen wurde dann eine bundesweite repräsentative Befragung durchgeführt.

Natürlich ist ein "echter" theoretischer Bezugsrahmen länger.[8] Auch hier gilt: Die einzelnen Überlegungen und Vermu-

---

8 Eine ausführliche theoretische Begründung zu dieser Thematik findet sich in: Jacob, R.; Eirmbter, W. H.; Hahn, A.;

tungen müssen ausführlicher begründet und belegt werden. Als ganz grobe Richtwerte für den quantitativen Umfang eines theoretischen Bezugsrahmens in einem empirischen Projekt können dabei zwischen 20 und 100 Seiten gelten. Auf weniger als 20 Seiten lassen sich komplexere Forschungsfragen schwerlich plausibel und nachvollziehbar begründen, mehr als 100 werden in der Regel nur für sehr aufwendige hypothesentestende Untersuchungen benötigt. Zusammenfassungen wie die oben vorgestellte anzufertigen ist gleichwohl empfehlenswert, weil:

1. Dieses Vorgehen zur inhaltlichen Präzisierung zwingt und der Argumentationsgang auf Nachvollziehbarkeit und Konsistenz überprüft werden kann.

2. Zusammenfassungen für Vorträge und Abschlußberichte verwendet werden können und häufig auch verlangt werden.

Hennes, C.; Lettke, F.: AIDS-Vorstellungen in Deutschland. Stabilität und Wandel, Berlin 1997.

3.2 Arbeits- und Zeitplan

Nach der ersten Konkretisierung des Themas sollte ein detaillierter Arbeits- und Zeitplan erstellt werden. Auch hier gilt: Dieser Plan wird im Laufe der Arbeit modifiziert werden. Dennoch ist **eine frühzeitige, detaillierte und verbindliche Arbeits- und Zeitplanung essentiell für erfolgreiches wissenschaftliches Arbeiten.** Bei der Erstellung des Zeitplans ist es empfehlenswert, sich an dem planmäßigen Projektende - dem Abgabetermin einer Arbeit - zu orientieren und dann die jeweiligen Arbeitsschritte rückwärts zu kalkulieren. Die Erstellung eines solchen Planes ist umso wichtiger, je komplexer ein Projekt ist, je länger die zur Verfügung stehende Bearbeitungszeit ist und je weniger Strukturierung die Arbeit durch externe Vorgaben erfährt. Bei Examensarbeiten ist ein Arbeits- und Zeitplan deshalb unverzichtbar.

Man ist hier bei der Planung einer solchen Arbeit gut beraten, wenn man für die Terminierung einzelner Arbeitsphasen einen **internen, rigiden Zeitplan** erstellt. Dieser Zeitplan sollte eingehalten werden (dies gilt übrigens auch für Arbeitsschritte bei Seminararbeiten). Viele Studierende scheitern oder geraten zum Ende einer Arbeit in große Schwierigkeiten, die häufig zur Konsequenz haben, keinen oder nur einen mangelhaften Bericht vorzulegen, weil das Zeitmanagement unprofessionell gehandhabt wurde. Gerade Diplomanden und Doktoranden bzw. generell Personen mit wenig Projekt-Erfahrung laufen leicht Gefahr, in die sog. "Neunzig-Neunzig-Falle des Projekt-Terminplans" zu tappen. Der Quotient beschreibt das Verhältnis von zur Verfügung stehender Zeit und zu erledigender Arbeit. Bei der 90/90-Falle hat man, nachdem 90% der Projekt-Zeit vergangen sind, erst 10% der zu leistenden Arbeit getan, so daß man dann in den verbliebenen 10% der Zeit die restlichen 90% der Arbeit zu erledigen hat. Auch wenn dieses extrem krasse Mißverhältnis in der Praxis wohl sehr selten auftritt, so ist die damit angezeigte Tendenz relativ häufig zu beobachten (und läßt sich mit einem 70/70-Quotienten recht gut quantifizieren).

Natürlich können im Zuge einer Seminar- oder Examensarbeit unvorhersehbare Probleme auftreten, die keiner der Beteiligten zu vertreten hat, die aber gleichwohl die Arbeit verzögern. Aus diesem Grund sollte man stets auch einen **externen Zeitplan für betreuende Dozenten bzw. Prüfungsämter** erstellen. Dieser Plan ist großzügiger zu kalkulieren, indem man für alle Arbeitsschritte Pufferzeiten einplant.

Aber nochmal: Richtschnur für die zu erledigenden Arbeiten ist der engere, interne Zeitplan. Eine Arbeit (etwas) früher abzuschließen als geplant (was in der Praxis eher selten vorkommt), ist nicht tragisch, zum endgültigen Projektende noch nicht fertig zu sein dagegen möglicherweise schon. Bei Examensarbeiten können Prüfungsfristen überschritten werden, deren Nichteinhaltung den Erfolg der ganzen Arbeit gefährdet. Empfehlenswert ist hierbei auch, den Arbeits- und Zeitplan mit den Veranstaltern von Lehrveranstaltungen oder den Betreuern von Examensarbeiten abzustimmen.

Für Examensarbeiten und Dissertationen, die im Regelfall nicht als Gruppenarbeiten angefertigt werden, ist es zudem ratsam, in regelmäßigen Abständen in Kolloquien oder selbstorganisierten Arbeitsgruppen vorzutragen und zu diskutieren (auch wenn dies nicht von den Betreuern verlangt wird). Regelmäßige Termine dieser Art zwingen zur Präzisierung der eigenen Vorstellungen und sind ein kaum zu unterschätzendes Hilfsmittel bei der Einhaltung des Zeitplanes.

Exemplarisch wird hier die Zeitplanung für eine empirische Examensarbeit (Diplom- oder Magisterarbeit) vorgestellt, für die üblicherweise eine Bearbeitungsfrist von 6 Monaten (= 24 Wochen) eingeräumt wird. Dabei wird davon ausgegangen, daß die Erstellung einer Examensarbeit die Hauptbeschäftigung ist, der an 5 Tagen in der Woche täglich sieben Stunden Arbeitszeit gewidmet werden.

Arbeitsschritt	interner Zeitplan	externer Zeitplan
Erstellung eines Schlagwortkataloges, erste Strukturierung des Themas	3 Tage	eine Woche
Literaturbeschaffung und Sichtung	4 Wochen	5 Wochen

Arbeitsschritt	interner Zeitplan	externer Zeitplan
Formulierung des theoretischen Bezugsrahmens, Arbeitshypothesen	2 Wochen	2 Wochen
Datenerhebung	7 Wochen	8 Wochen
Datenanalyse	3 Wochen	3 Wochen
Formulierung der ersten Fassung der Arbeit	2 Wochen	2 Wochen
Korrekturlesen, Überarbeitung, Endredaktion, Abgabe	2 Wochen	3 Wochen
Summe	**20 Wochen, 3 Tage**	**24 Wochen**

Pufferzeiten sind insbesondere für die Phase der Datenerhebung und für die Phase der Überarbeitung der Arbeit einzuplanen. Gewissermaßen verborgene Pufferzeiten stecken auch in dem Arbeitsschritt "Datenanalyse", denn während dieser Phase können und sollen natürlich schon Kapitel der Arbeit geschrieben werden, so daß die erste Fassung der Arbeit vielleicht schon mit dem Ende der Datenanalysephase fertiggestellt ist.

Um es noch einmal zu betonen: Auf die Einhaltung des internen Zeitplans sollte peinlichst geachtet werden (und eine Verzögerung gegebenenfalls durch Erhöhung der Arbeitszeit ausgeglichen werden), da zum Ende einer Arbeit erfahrungsgemäß immer irgendwelche unvorhergesehenen Probleme auftauchen und bei einer Verzögerung des Terminplans Pufferzeiten knapp werden oder schlicht nicht mehr vorhanden sind.

Außerdem: Eine gut geplante Examensarbeit läßt bei sieben Stunden täglicher Arbeit immer noch genügend Freiraum für Feten, Sport, Hobbies oder was man sonst alles lieber tut als eine schriftliche Arbeit zu erstellen. "Examensstreß" ist primär eine Folge mangelnder Planung.

3.3 Informationsbeschaffung

In diesem und den folgenden Kapiteln werden entsprechend der in der Einleitung vorgestellten Definition "wissenschaftlichen Arbeitens" die dazu notwendigen Techniken vorgestellt. Nach Erstellung eines ersten Schlagwortkataloges zur Konkretisierung des Themas und des Zeitplanes beginnt die **Literaturrecherche**. Mit dieser Recherche sollte man **so früh wie möglich anfangen**. Gerade Anfänger unterschätzen den zeitlichen Aufwand, der mit diesem komplexen Arbeitsschritt verbunden ist.

Suchbegriffe/Schlagworte in dem in Kapitel 3.1 genannten Beispiel für eine Seminararbeit waren: Individualisierung, Lebensstil, Milieu, Sozialstruktur, (Soziale) Ungleichheit, (Soziale) Schicht, Schichtungstheorie, (Sozialer) Status

Suchbegriffe für die in 3.1 ebenfalls vorgestellte empirische Arbeit waren (um nur die wichtigsten zu nennen): AIDS, Ansteckungsängste, Alltagstheorien, Alltagswissen, Attribution, Aufklärungskampagnen, Expertenwissen, Habitus, Krankheiten, (subjektive) Krankheitsvorstellungen, Krebs, Kommunikation, Laienwissen, Laienätiologie, Risiko und Gefahr, Schemata und Skripte, Seuchen, Seuchengeschichte, Stigmatisierung, subjektive Theorien, (Verhalten unter) Unsicherheit, Volksmedizin, wissenschaftliches Wissen.

Man sieht, daß für die deutlich umfänglichere und komplexere empirische Arbeit auch mehr Suchbegriffe zu verwenden sind. Daß sich dabei einige der Begriffe inhaltlich überschneiden oder sogar Synonyme darstellen ist sinnvoll, da in unterschiedlichen Literaturdatenbanken oft auch unterschiedliche Schlüsselworte für thematisch gleiche Sachverhalte vergeben werden. Anhand dieser Suchbegriffe und verschiedener Verknüpfungen dieser Begriffe wurde Literatur recherchiert, gesichtet und systematisiert. Basierend auf Arbeiten aus ganz unterschiedlichen Theorietraditionen und Arbeitsbereichen (z.B. Seuchenhistorie und Geschichte der Medizin, Attributionstheorien, Theorien kognitiver Informationsverarbeitung, Vorurteilsforschung, Wissenssoziologie, Systemtheorie, Risikoforschung, Kommunikationstheorien) wurde dann die Ausgangsthese - wie oben schon thesenartig ausgeführt - theoretisch begründet.

Um die jeweiligen örtlichen Möglichkeiten und Ressourcen für eine Literaturrecherche kennenzulernen, sollte man möglichst schon bei Beginn des Studiums an den zu Semesteranfang üblicherweise angebotenen **Bibliotheksführungen teilnehmen** und sich mit den **Ausleihmodalitäten, Leihfristen, Semester- und Handapparaten** sowie den **Möglichkeiten der Fernleihe vertraut machen.** Auch unabhängig von der Erstellung schriftlicher Arbeiten wird man die Bibliothek nutzen müssen, denn ein ernsthaft betriebenes wissenschaftliches Studium an einer Universität besteht zu ca. 70% aus selbständiger Lektüre von Lehrbüchern, Forschungsberichten und der regelmäßigen Kenntnisnahme der aktuellen Diskussion, wie sie in den jeweiligen Fachzeitschriften geführt wird. Wer die Bibliothek erst bei der Anfertigung der Diplom- oder Magisterarbeit in Anspruch nimmt, hat erstens falsch studiert und dürfte zweitens bei der Erstellung der Arbeit größere Probleme haben.

Folgende Quellen (in alphabetischer Reihenfolge) stehen grundsätzlich für Literaturrecherchen zur Verfügung und sollten nach Möglichkeit auch genutzt werden:

- Abstract-Dienste (z. B. die "Sociological Abstracts").

- Bibliothekskataloge von Universitäten, Forschungsinstituten, Stadt- und sonstigen Bibliotheken.

- Enzyklopädien.

- Fachzeitschriften.

- Forschungs- und Literaturdatenbanken (z. B. Solis und Foris, Eric, Bliss, usw.) sowie Datenbestandskataloge.[9]

- Lexika und Handwörterbücher.

- Rezensionszeitschriften (z. B. Soziologische Revue) und Rezensionen in Fachzeitschriften.

- Social Science Citation Index (SSCI).

- Spezialbibliographien zu bestimmten Themen.

---

9   Vgl. dazu auch das Kapitel 5.1: Forschungsinfrastruktur.

- Sog. versteckte Bibliographien, also Literaturverzeichnisse in relevanten Publikationen.

- Verlagsprospekte.[10]

- Verzeichnis lieferbarer Bücher (VLB) und das Pendant für den englischen Sprachraum Books in Print (BIP).

Darüberhinaus sollte es sich eigentlich von selbst verstehen, daß Studierende die **aktuelle Berichterstattung in den Medien** verfolgen und bei der Behandlung aktueller Themen im Rahmen einer Lehrveranstaltung auch auf solche Informationen zurückgreifen.

Man sollte sich außerdem auch nicht scheuen, **Material aus belletristischer Literatur** zu verwenden. Gerade um sich einen Eindruck ganz bestimmter Lebensverhältnisse oder auch geschichtlicher Hintergründe zu verschaffen wie auch zur Verdeutlichung und Konkretisierung abstrakter Zusammenhänge ist belletristische Literatur oft sehr gut geeignet. So zeigt beispielsweise Ecos Roman "Der Name der Rose" exemplarisch die Anfänge der empirischen Wissenschaft und

---

10 Es ist sehr empfehlenswert, sich von den wichtigen sozial- bzw. wirtschaftswissenschaftlichen Verlagen in den Verteiler aufnehmen und regelmäßig über Neuerscheinungen informieren zu lassen. Die meisten Verlage tun dies unentgeltlich. Eine entsprechende Verlagsliste findet sich im Anhang.

illustriert das Vorgehen der frühen Empiriker in Gestalt des William von Baskerville anhand einer Reihe von Beispielen. Noah Gordons Werk "Der Medicus" verdeutlicht auf frappante Weise die eklatanten Unterschiede medizinischer Kenntnisse im christlichen Abendland und im "heidnischen" Morgenland während des Hochmittelalters. Victor Hugos "Die Elenden" (Les Miserables), um ein letztes Beispiel zu nennen, schildert höchst eindringlich die Lebensbedingungen der Industriearbeiterschaft in der Frühphase der Industrialisierung.

Bei der Beschaffung von Literatur muß man sich zunächst einmal bewußt machen, daß: **Bibliothekskataloge** in aller Regel als **Bestandskataloge** organisiert sind, d. h. sie informieren über den je aktuellen Buchbestand einer Bibliothek. Die mitunter mögliche Schlagwortsuche ist meist eine Titelschlagwortsuche, keine Freitextsuche oder eine Suche nach eigens vergebenen Schlagworten, die den Inhalt des jeweiligen Werkes wiedergeben. Konkret: Ein Buch über AIDS, bei dem AIDS im Titel aber nicht vorkommt, wird man mit dieser Schlagwortsuche nicht finden. Auch einzelne Aufsätze in Sammelwerken oder Fachzeitschriften sind in Bibliothekskatalogen nicht aufgeführt. Für eine **systematische Literaturrecherche** sind Bibliothekskataloge deshalb **nicht geeignet**. Dazu wird man vielmehr auf spezielle Literaturdatenbanken zurückgreifen. Erst im zweiten Schritt nutzt man dann den Bestandskatalog der Bibliothek, um festzustellen, welche der recherchierten Titel am Ort vorhanden sind.

Zu dem in diesem Zusammenhang von Studierenden immer wieder vorgebrachten Argument, daß bestimmte Titel in der jeweiligen Bibliothek nicht vorhanden sind, ist zu bemerken, daß keine Universitätsbibliothek der Nabel der Welt ist und sich Wissenschaft deshalb auch nicht auf die je verfügbaren Bestände beschränken kann. Für ein Thema grundlegende Werke sind über Fernleihe zu bestellen. Bei Seminararbeiten wird dies zwar aufgrund der kurzen Bearbeitungszeiten in Seminaren und der oft etwas längeren Laufzeit von Fernleihen nicht immer möglich sein. In diesem Fall sollte das Problem aber auf jeden Fall bei den betreuenden Dozenten angesprochen werden, um zu dokumentieren, daß man die Literaturrecherche ordnungsgemäß durchgeführt hat und über den Stand der Diskussion in etwa orientiert ist. In der Literaturliste fehlende Titel sind dann nicht auf eigene Nachlässigkeiten bei der Informationsbeschaffung, sondern auf individuell nicht zu vertretende Restriktionen der Bibliothek zurückzuführen.

Bei Examensarbeiten und den damit verbundenen längeren Bearbeitungszeiten wird man dagegen um Fernleihen nicht herumkommen, wenn wichtige Titel am Ort nicht vorhanden sind. Im Zweifelsfall ist auch darüber nachzudenken, einige Zeit darauf zu verwenden, persönlich in besser ausgestatteten Bibliotheken zu recherchieren.

Bei der Nutzung von speziellen Literaturdatenbanken ist zu beachten: **Die Rechereche in nur einer Datenbank (etwa in Solis) ist in keinem Fall ausreichend.** Keine Datenbank bietet einen erschöpfenden Überblick über die gesamte Literatur. Solis beispielsweise erfaßt nur die deutschsprachige sozialwissenschaftliche Literatur, englischsprachige Titel werden dagegen nicht katalogisiert.

In diesem Zusammenhang ist auch darauf hinzuweisen, die **englischsprachige Literatur zur Kenntnis zu nehmen.** Wissenschaft ist ein internationales Geschäft und nicht an Landes- oder Sprachgrenzen gebunden. Gerade für die Sozial- und Wirtschaftswissenschaften sind **viele relevante Beiträge auch oder sogar ausschließlich in englischer Sprache erschienen.** Die bei Studierenden weitverbreitete Abneigung gegen englische Texte ist zwar nachvollziehbar, weil deren Lektüre mehr Mühe macht. Diese Abneigung ist aber nicht akzeptabel. Neben den schon genannten Gründen ist die Zurückhaltung beim Lesen englischsprachiger Texte auch der eigenen Qualifikation abträglich. Sichere Kenntnisse der englischen Sprache werden mittlerweile bei nahezu allen Anstellungen für Akademiker erwartet. Kontinuierliches Lesen englischsprachiger Veröffentlichungen ist eine Möglichkeit, solche Kenntnisse aufzubauen.

Die Beschränkung auf einen Sprachraum ist nicht die einzige **Restriktion,** mit der man bei **Literaturdatenbanken** rechnen muß. Ein anderes Problem sind die **Up-Date- Intervalle,** die zwischen monatlicher und jährlicher Aktualisierung schwanken können, so daß die allerneueste Literatur unter Umständen noch nicht erfaßt ist (dies gilt erst recht, wenn man nicht direkt in der jeweiligen Datenbank recherchiert, sondern auf die in Bibliotheken verfügbaren CD-ROM-Versionen der jeweiligen Anbieter zugreift). Insbesondere bei der Bearbeitung aktueller Themen lohnt sich deshalb immer auch ein Blick in das jeweils gültige VLB und BIP, außerdem sollten die je relevanten Fachzeitschriften durchgesehen werden. Veröffentlichungen in Fachzeitschriften sind stets aktueller als Monographien, weil deren Vorlaufzeit sehr viel kürzer ist. Außerdem werden viele Forschungsergebnisse oder neuere theoretische Überlegungen nur in Fachzeitschriften publiziert.

So wie in Literaturdatenbanken häufig die allerneuesten Veröffentlichungen noch nicht erfaßt sind, so weisen diese auch mehr oder weniger **große Lücken** auf, was **ältere und alte Veröffentlichungen** betrifft. Diese Texte müssen gleichwohl aber bei bestimmten Themen zur Kenntnis genommen werden. Erstens ist nicht alles, was alt ist, auch schlecht oder überholt, zweitens ist die Berücksichtigung älterer Texte unverzichtbar, wenn man in einer Arbeit einen Überblick über ein bestimmtes Gebiet geben oder Entwicklungen nachvollziehen will (beispielsweise zu dem Thema "Soziale Ungleichheit"). Darum ist auch die **Nutzung von Zettelkatalogen** der Bibliotheken (sofern diese noch existieren und nicht in Datenbanken überführt worden sind) auf keinen Fall obsolet.

In diesem Zusammenhang noch eine Anmerkung zu den immer beliebter werdenden **Internet-Recherchen**: Surfen im Internet kann durchaus Literaturhinweise und sonstige Hinweise zu einem Thema liefern, die man anders nicht gefunden hätte. Allerdings ist eine allgemeine und globale Suche unter Nutzung einfacher Schlagworte recht zeitaufwendig, weil man unter Umständen sehr viele Rückmeldungen bekommt und damit vor einem großen Selektionsproblem steht. Die

Eingabe des Begriffes "soziale Ungleichheit" in die Suchmaschine "Infoseek" erbrachte beispielsweise (am 11.4.97) 11.863 Einträge, die irgendwie mit "sozialer Ungleichheit" zu tun hatten (man geht hier nicht fehl in der Annahme, daß ein Großteil davon für eine wissenschaftliche Arbeit nicht zu verwenden ist). Sinnvoller ist es, gezielt bei Institutionen, News-Groups usw. zu suchen, die sich auf ein Thema/Themengebiet spezialisiert haben. (Inzwischen gibt es eine Reihe von Adreßbüchern für das Internet - auch auf CD-ROM. Hinweise zur gezielten Suche finden sich in der weiterführenden Literatur.)[11]

Sehr gut eignet sich das Internet, um in ortsfremden Universitätsbibliotheken zu recherchieren oder sich über inhaltliche Schwerpunkte von Instituten und sonstigen Forschungseinrichtungen zu informieren. Alle deutschen Universitäten können z. B. über die Home-Page der Universität Trier (http://www.uni-trier.de) erreicht werden.

Aber auch wenn man nicht global im Internet nach Literatur sucht, sondern gezieltere Suchstrategien anwendet bzw. die oben erwähnten Datenbanken abfragt, wird man eine Fülle von Hinweisen finden. Zu nahezu jedem beliebigen Thema gibt es weitaus mehr Material, als einzelne oder auch Ar-

---

11 Darüberhinaus bieten viele Universitätsbibliotheken und Rechenzentren sowie ZUMA (Adresse im Anhang) regelmäßig Internet-Einführungskurse an. Wer häufiger mit dem Netz arbeiten will, sollte an einem solchen Kurs teilnehmen.

beitsgruppen bewältigen könnten - selbst wenn sie dazu mehr als ein Jahr Zeit hätten. Dringend notwendig ist es deshalb, so früh wie möglich richtig lesen zu lernen. Das bedeutet in diesem Kontext: Man muß sich verschiedene **Lesetechniken** aneignen, um **Informationen erstens zu selektieren und zweitens zu komprimieren.**

3.4 Informationsaufnahme und Informationsauswertung

3.4.1 Lesen

1. Überblick verschaffen:

Um zu entscheiden, ob eine Publikation überhaupt relevant für die eigene Arbeit ist, sollte man seinen **Schlagwortkatalog rekapitulieren und sich zunächst ansehen** (in dieser Reihenfolge):

- Titel.

- Autor.

- Erscheinungsjahr.

- Inhaltsverzeichnis.

- Abstracts oder Zusammenfassungen.

- Literaturliste.

Insbesondere Literaturdatenbanken liefern inzwischen i. d. R. Abstracts der dokumentierten Literatur, so daß man sich unter Umständen das Ausleihen oder Bestellen eines Buches sparen kann. Denn häufig läßt sich spätestens nach dem Lesen des Abstracts beurteilen, ob das jeweilige Werk für das eigene Thema von Bedeutung ist.

2. Schnellesen:

Als **relevant angesehene Publikationen** muß man sich natürlich besorgen und sollte diese dann zunächst **kursorisch** oder **diagonal lesen,** um sich einen genaueren Überblick über den Inhalt zu verschaffen. Dabei ist wiederum auf **Schlag- oder Schlüsselwörter und auf Grafiken oder Tabellen zu achten,** die zentrale Inhalte und Kernaussagen des jeweiligen Kapitels häufig in zusammengefaßter Form wiedergeben. Schnellesen erfordert Konzentration. Man sollte aus diesem Grund zu lange Leseetappen vermeiden und nach je 10 bis 15 Minuten eine kurze Pause machen.

3. Intensivlesen:

Ergiebig erscheinende Passagen müssen intensiv durchgelesen werden. Die **Hauptaussagen** werden (zunächst) markiert (bei eigenen Büchern) oder **exzerpiert.** Auch von eigenen Bücher oder kopierten Zeitschriftenartikeln sollten aber Exzerpte angefertigt werden (vgl. Abschnitt "Schreiben"), da der gelesene Text auch kommentiert und reflektiert werden muß und kürzere Exzerpte beim Schreiben der Arbeit einfacher zu handhaben sind als komplette Bücher oder ganze Stapel von Kopien. Empfehlenswert ist es hierbei, den Text zunächst zu lesen und wichtige Passagen zu markieren, da die Kenntnis des gesamten Textes und der darin enthaltenen Argumentation die spätere Selektion festzuhaltender Passagen deutlich erleichtert. **Intensivlesen ist damit idealerweise eine Kombination von mehrmaligem Durchlesen eines Textes und dem anschließenden Exzerpieren und Kommentieren zentraler Textstellen.** [12]

Dem besseren Verständnis des Textes und seiner mentalen Aneignung ist es außerdem dienlich, wenn man das Gelesene anderen vorträgt oder erklärt und wichtige Argumente diskutiert. Man merkt so selber relativ schnell, ob man die Argumentation des Textes verstanden hat, nachvollziehen und zusammenfassend darstellen kann. Auch hieran zeigt sich mithin wieder, wie wichtig Arbeits- oder Lerngruppen sind.

---

12 Kopien von Texten anzufertigen ist dann und nur dann sinnvoll, wenn diese in der oben beschriebenen Art und Weise tatsächlich durchgearbeitet werden (lesen, markieren und exzerpieren). Man eignet sich einen Text nur durch intensives Lesen, aber nicht durch Kopieren an. "Fotokopien sind ein unerläßliches Hilfsmittel, sei es, um einen in der Bibliothek schon gelesenen Text zur Verfügung zu haben, sei es, um einen noch nicht gelesenen Text mit nach Hause zu nehmen. Aber oft werden Fotokopien als Alibi verwendet. Man trägt Hunderte von Fotokopien nach Hause, man hat ein Buch zur Hand gehabt und mit ihm etwas unternommen und glaubt darum, es gelesen zu haben. Der Besitz der Fotokopie erspart die Lektüre. Das passiert vielen. Eine Art Sammel-Rausch, ein Neo-Kapitalismus der Information. Setzt euch gegen die Fotokopie zur Wehr. Habt ihr sie, so lest sie sofort und verseht sie mit Anmerkungen. ... Es gibt vieles, was man gerade deshalb nicht weiß, weil man einen bestimmten Text fotokopiert hat; so hat man sich der Illusion hingegeben, man hätte ihn gelesen." Eco 1993, S. 162

In diesem Zusammenhang noch eine letzte Anmerkung: **Standardliteratur** zu einem Thema, Klassiker der Theorie oder zentrale empirische Untersuchungen werden selbstverständlich **im Original gelesen und auch zitiert**. Belege wie: "Max Weber, zit. nach E. Dunkelmann, unveröffentlichte Diplomarbeit, Einen a. d. Waffel 1977" haben in einer wissenschaftlichen Arbeit nichts zu suchen.

3.4.2 Schreiben

Beim Lesen kann es natürlich nicht bleiben, die relevanten Texte müssen für die eigene Arbeit nutzbar gemacht werden, und das bedeutet: **Wesentliches muß aufgeschrieben** werden. Man muß, wie schon erwähnt, **Exzerpte**[13] der gelesenen Literatur erstellen.

Dabei bringt es so gut wie nichts, Textpassagen seitenweise wörtlich abzuschreiben. Man sollten vielmehr die **Argumentationsstruktur des Textes exzerpieren** und nur wenige zentrale oder besonders typische Argumente wörtlich zitieren. Wörtliche Zitate sind kenntlich zu machen, typischerweise durch Anführungszeichen, damit man sie auch später noch als wörtliche Zitate wiedererkennt und von der eigenen Zusammenfassung des Textes unterscheiden kann. Man sollte hier außerdem notieren, auf welcher Seite des gelesenen Textes sich die jeweilige Argumentation befindet, da man diese In-

---

13 Ein Exzerpt ist der Auszug aus einem Text, der um eigene Anmerkungen ergänzt werden kann.

formation später noch braucht, wenn man aus diesem Text in der eigenen schriftlichen Arbeit zitieren will. Zudem sollten exzerpierte **Texte** auch **kommentiert** und **reflektiert** werden, indem man eigene Überlegungen dazu, kritische Einwände, Unklarheiten oder Querverweise festhält.

Beim Exzerpieren gilt: Aus Gründen der Sparsamkeit verschiedene Texte auf einem Blatt zu exzerpieren, weil man nur sehr wenig herausgeschrieben hat und deshalb auf dem Blatt noch Platz war, sollte auf jeden Fall vermieden werden, weil dieses Vorgehen eine eindeutige Ablage sehr erschwert.

Was die **Trägermedien für Exzerpte** anbelangt, gibt es unterschiedliche Empfehlungen: Man kann z. B. Karteikarten anlegen und für Exzerpt und Kommentar verschiedenfarbige Karten verwenden (wobei natürlich eine eindeutige Zuordnung sichergestellt sein muß). In der einschlägigen Literatur gibt es auch noch andere Empfehlungen und hier kann und muß man einen eigenen Stil entwickeln. Eine sehr empfehlenswerte Variante ist die nachfolgend dargestellte, bei der DIN-A-4 Blätter verwendet werden. Dieses Format erleichtert das Abheften, Text und Kommentar befinden sich auf einem Blatt (vgl. Abbildung 3). Unter "Hauptschlagwort" wird der Suchbegriff notiert, mit dessen Hilfe der jeweilige Text gefunden wurde. Weitere Schlagworte oder Querverweise können entweder sofort oder nach der Lektüre zusätzlicher Texte und dem damit verbundenen Überblick über ein Themengebiet eingetragen und ergänzt werden. Die Quelle sollte vollständig bibliographiert werden und zwar entsprechend der Formalia, die man für Literaturangaben verwenden will oder

68

muß (vgl. dazu Kapitel 3.5.2). Sinnvoll ist es hier, auch den Standort und/oder die Signatur der Quelle zu notieren, weil dies ein späteres Wiederfinden oder erneutes Ausleihen sehr erleichtert.

Abbildung. 3:   Exzerptformblatt

HAUPTSCHLAGWORT

weitere Schlagworte/Querverweise

Quelle

Seite	Text/Zusammenfassung	Kommentar

Empfehlenswert ist es außerdem, eigene spontane Ideen, interessante Beobachtungen oder Überlegungen - auch von anderen - zu notieren (in ein Notizbuch oder eine entsprechende Datei). Manches davon läßt sich später verwenden.

3.4.3   Ablegen

Nach dem Exzerpieren muß das bearbeitete Material natürlich irgendwie **abgelegt** werden und zwar so, daß man es **auch wiederfinden und das Ablagesystem mit der Zeit wachsen kann.** Zur Ablage gut geeignet sind die altbewährten Aktenordner oder auch Stehordner, wie sie zur Sammlung von Zeitschriften verwendet werden. Letztere sollten im Interesse einer längeren Haltbarkeit allerdings aus Kunststoff und nicht aus Pappe bestehen.

Zur Ordnung des Materials gibt es unterschiedliche Vorgehensweisen, am empfehlenswertesten ist allerdings nach wie vor die **alphabetische Ordnung** nach Namen der Verfasser. Denn jede Gruppierung bzw. Systematisierung nach einer für ein ganz bestimmtes Thema sinnvollen Schlagwortgliederung birgt das Risiko, daß man bei der Bearbeitung anderer Themen bestimmte Autoren nur nach Durchsuchen aller Ordner findet (und im Lauf des Studiums kann da schon einiges zusammenkommen), weil man nicht mehr so genau weiß, unter welchem Stichwort oder Oberthema ein Text abgelegt wurde.

Parallel zu der alphabetischen Einordnung des Materials sollte **jeder Titel, der exzerpiert wurde, in einer einfachen**

Literaturdatenbank abgespeichert werden (Textverarbeitungsprogramme wie z. B. WinWORD bieten dazu ausreichende Funktionen, man kann aber natürlich auch mit einem speziell dafür vorgesehenen Programm, etwa LIDOS, arbeiten). Hier sind neben den jeweils üblichen bibliographischen Daten auch die für die Texte vergebenen Schlagworte einzugeben, wiederum außerdem die Standorte des Originaltextes - kurz: die Informationen aus der Kopfseite des Exzerptformulares.

Formal korrekte Literaturlisten müssen im Lauf eines Studiums immer wieder erstellt und abgeben werden, so daß dieser Arbeitsschritt der Erfassung von Literatur in einer Datei immer zu leisten ist. Man ist hier gut beraten, von Anfang an Wert auf ein korrektes und konsistentes Bibliographieren zu legen (vgl. dazu Kapitel 3.5.2). Dies erspart im übrigen auch viel Zeit und Mühe bei der Endredaktion einer Arbeit.

Darüberhinaus ist es auch ratsam, einen **EDV-gestützten Schlagwort-Katalog anzulegen**, in dem sukzessive zu jedem Schlagwort die relevante Literatur eingetragen wird (dabei kann man durchaus eine abgekürzte Zitierweise verwenden, wenn diese eindeutig ist).

3.4.4   Systematisieren

Bei der aktuellen **Bearbeitung bestimmter Themen** im Rahmen einer Seminar- oder Examensarbeit ist eine alphabetische Ablage nach Verfassern allerdings nicht sinnvoll.

Vielmehr sollte das gelesene und exzerpierte **Material fallweise inhaltlich systematisiert** und organisiert werden - entsprechend der Arbeitsgliederung der zu erstellenden Arbeit oder einer zentralen Schlagwortliste. Für diese "Zwischenablage" können eindeutig beschriftete Sammelmappen oder Schnellhefter verwendet werden. Die alphabetisch geordnete Endablage des Materials erfolgt dann erst nach Abschluß der jeweiligen Arbeit.

Für die inhaltliche Systematisierung stehen mehrere Möglichkeiten zur Verfügung:

Man kann **Exzerpte von Exzerpten** anfertigen, auf denen zentrale Argumente, Erkenntnisse oder Thesen vermerkt werden, die sich bei verschiedenen Autoren in gleicher Weise finden. Auf diese Art gewinnt man einen Überblick darüber, auf welchem Stand sich die Diskussion befindet und welche Positionen eher eine Außenseiterrolle darstellen usw. Dazu eignet sich beispielsweise folgendes Formblatt (vgl. Abbildung 4).

Aufgrund der relativ großen optischen Nähe zu dem oben vorgestellten Exzerptformblatt ist es zur besseren Unterscheidbarkeit der beiden Formblätter sinnvoll, unterschiedlich farbiges Papier zu verwenden.

In diesem Formblatt für zusammenfassende Darstellungen ist ganz oben das jeweilige Thema einzutragen. Es empfiehlt sich hier, allgemeine und in der jeweiligen Disziplin übliche Schlagworte zu verwenden, z. B. "soziale Ungleichheit". Das

Feld für Querverweise kann dann für Spezifikationen dieser allgemeinen Schlagworte und für Hinweise auf verwandte Gebiete verwendet werden (mögliche Spezifikationen sind in eben genanntem Beispiel "Schichtungstheorien" oder "Milieus", verwandte Gebiete "Sozialstrukturanalysen" oder "Individualisierungsthese"). In den Spalten sind dann unter der Überschrift "Argument/Problem/Frage" zentrale Aspekte aus der Literatur zu vermerken, unter "Quellen" die jeweiligen Veröffentlichungen, in denen sich diese Argumente finden lassen. Die Spalte für Kommentare kann für eigene Bewertungen der jeweiligen Argumentation oder für Ergänzungen verwendet werden. Man kann hier auch vermerken, in welchem Kapitel/Abschnitt einer eigenen Arbeit man die jeweiligen Argumente verwenden will.

Abbildung 4:   *Formblatt für zusammenfassende Darstellungen*

THEMA/GEBIET

Querverweise

Argument/ Problem/Frage	Quellen	Kommentar

73

Um **Zusammenhänge** deutlich zu machen, kann man das **Material auch grafisch** organisieren, indem zentrale Argumente als Pfaddiagramme oder hierarchisch dargestellt werden.

Pfaddiagramme eignen sich gut zur Entwicklung oder Darstellung von Hypothesen (siehe dazu auch Abbildung 2) sowie zur Veranschaulichung des Vergleichs und der Integration theoretischer Konzepte oder Ansätze (vgl. Abbildung 5).

In dieser Abbildung wurden drei bekannte Kommunikationsmodelle und deren Integration durch Schulz v. Thun dargestellt. Bei der Analyse und Systematisierung theoretischer Überlegungen zu einem bestimmten Gegenstandsbereich spielen Vergleiche in der Regel eine große Rolle, wobei nach einer kritischen Diskussion der Vor- und Nachteile verschiedener Ansätze, ihrer Erklärungskraft oder ihrem Bestätigungsgrad zentrale Annahmen häufig in einem neuen Modell integriert werden. Schulz v. Thun hat seine Kommunikationstheorie entwickelt, indem er von dem aus der Nachrichtentechnik stammenden und sehr verbreiteten Kommunikationsmodell von Shannon und Weaver ausgegangen ist, welches Kommmunikation im Sinn eines Stimulus-Response-Mechanismus auffaßt, wobei eine Nachricht von einem Sender unverändert auf einen Empfänger übertragen wird. Demgegenüber haben Watzlawick und Beaven darauf aufmerksam gemacht, daß jede Nachricht unvermeidbar neben einer Sachinformation stets eine Beziehungsbotschaft beinhaltet, die Aufschluß darüber gibt, was ein Sender von einem Empfänger hält oder wie er zu ihm steht.

Zudem sind "Informationen", "Botschaften" oder "Nachrichten" zunächst nichts anderes als kommunikative Angebote eines Senders, als Selektionen aus einer Vielzahl von Möglichkeiten, die vor allem etwas über den Sender selber aussagen. Diesen Sachverhalt hat Bühler bereits 1934 dargestellt, indem er zeigte, daß (sprachliche) Nachrichten drei Funktionen erfüllen, die er mit den Begriffen "Symptom, Symbol und Appell" umschrieben hat. Symptom bezeichnet den Selbstoffenbarungsaspekt einer Nachricht. Indem ein Sender sich äußert, offenbart er auch Teile seiner Gefühle, Gedanken oder Motive. Motive verbinden sich auch mit der Appell-Seite. Der Sender verknüpft mit seiner Äußerung bestimmte Erwartungen, was ein Empfänger tun sollte. Schließlich hat, wie auch bei dem Modell von Shannon und Weaver, jede Nachricht auch eine inhaltliche Komponente, die unter den Begriff "Symbol" subsumiert wird.

Abbildung 5:   *Vergleich und Integration von Theorien am Beispiel von Kommunikationsmodellen*

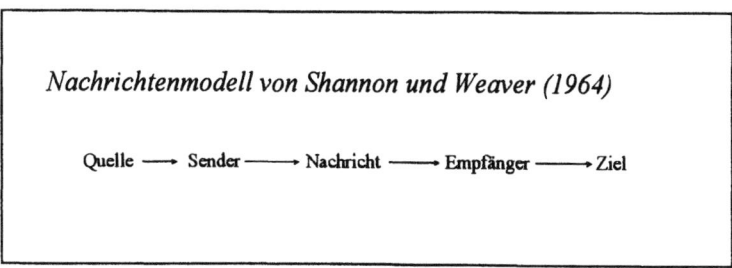

Quelle: Bortz und Döring 1995, S. 338

Abbildung 5: *Vergleich und Integration von Theorien am Beispiel von Kommunikationsmodellen (Fortsetzung)*

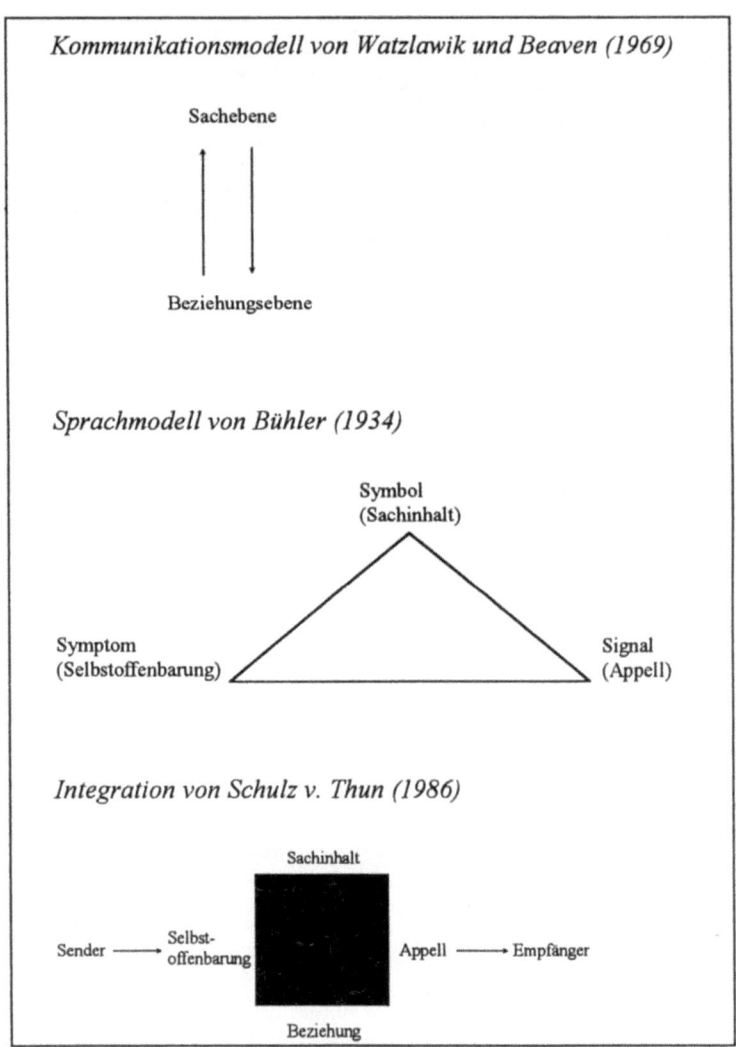

Kommunikationsmodell von Watzlawik und Beaven (1969)

Sachebene

Beziehungsebene

Sprachmodell von Bühler (1934)

Symbol
(Sachinhalt)

Symptom
(Selbstoffenbarung)

Signal
(Appell)

Integration von Schulz v. Thun (1986)

Sachinhalt

Sender

Selbst-
offenbarung

Appell ⟶ Empfänger

Beziehung

Resultat der vergleichenden Theorieanalyse von Schulz v. Thun ist das bekannte Modell mit den "4 Seiten einer Nachricht". Jede Nachricht enthält vier unterschiedliche Botschaften oder Mitteilungen, die stets - explizit oder implizit - mitgesendet werden. Dabei hängt der Verlauf und "Erfolg" einer Kommunikation allerdings sehr davon ab, mit welchen Ohren der Empfänger bzw. Adressat einer Nachricht bildlich gesprochen auf Empfang ist. Der Empfänger einer Nachricht hat prinzipiell die freie Auswahl, auf welchen Aspekt der Nachricht er reagiert. Dabei scheint bei vielen Empfängern gleichsam per Voreinstellung und abgehoben von den jeweiligen konkreten Situationen mit je unterschiedlichen Rahmenbedingungen der Empfang mit einem bestimmten Ohr besonders ausgeprägt zu sein - man reagiert dann z. B. nur auf den Sachaspekt.[14]

Hierarchische Anordnungen können dazu dienen, komplexe Untersuchungsdimensionen sukzessive in Unterdimensionen und Indikatoren aufzugliedern.

Auch dabei kann und sollte man sich nicht nur auf eine Quelle stützen. In der folgenden Abbildung beispielsweise wurden die von Bourdieu eingeführten Begriffe verschiedener

---

14 Diesen Darstellungen liegt folgende Literatur zugrunde: Bühler, K.: Sprachtheorie, Jena 1934; Schulz von Thun, F.: Miteinander reden: Störungen und Klärungen. Psychologie der zwischenmenschlichen Kommunikation, Reinbeck 1986; Shannon, E.; Weaver, W.: The Mathematical Theory of Communication, Urbana 1964; Watzlawick, P.; Beaven, J. H.: Menschliche Kommunikation, Bern, 1969.

Kapitalarten zur Charakterisierung unterschiedlicher Dimensionen von sozialer Ungleichheit um weitere Dimensionen ergänzt, die der Kritik an herkömmlichen Schichtungsmodellen entnommen sind. Zur Erinnerung (vgl. das Beispiel zur Erstellung einer Hausarbeit): Hier wird kritisiert, daß Klassen- und Schichtungsmodelle ausschließlich auf mehr oder weniger ökonomische Aspekte sozialer Ungleichhheit rekurieren (und dafür Indikatoren wie Einkommen, berufliches Prestige oder den Bildungsstatus verwenden), andere Dimensionen aber vernachlässigen.

Während man Merkmale wie eine bestimmte berufliche Position oder ein bestimmtes Einkommen zumindest prinzipiell durch eigene Leistung erwerben kann, gilt diese für andere Aspekte sozialer Ungleichheit nicht, obwohl diese in ihren Konsequenzen möglicherweise sehr viel gravierender sind. Zu solchen askriptiven Merkmalen gehören das Geschlecht und das Alter, mit denen sich strukturell bedingte unterschiedliche Lebenschancen und -restriktionen verbinden. Diese Aspekte sind unter Beibehaltung und Erweiterung der Bourdieu´schen Terminologie hier als "biologisches Kapital" aufgeführt worden (obwohl natürlich die mit diesen Merkmalen verbundenen Formen sozialer Ungleichheit auch sozial konstruierte sind und nicht auf biologische und gleichsam "natürliche" Ursachen zurückgeführt werden können).

Dabei kann auch deutlich gemacht werden, daß bestimmte Merkmale nicht trennscharf nur einer Dimension zugeordnet werden können, sondern mehrere Aspekte beinhalten. Eine bestimmte berufliche Position hat z. B. Konsequenzen sowohl für das jeweils verfügbare ökonomische Kapital (weil dadurch ein bestimmtes Einkommen erzielt wird) als auch für das soziale Kapital, weil man so in ein mehr oder weniger umfangreiches Netzwerk von Berufskollegen eingebunden ist.[15]

Abbildung 6:   *Dimensionen sozialer Ungleichheit*

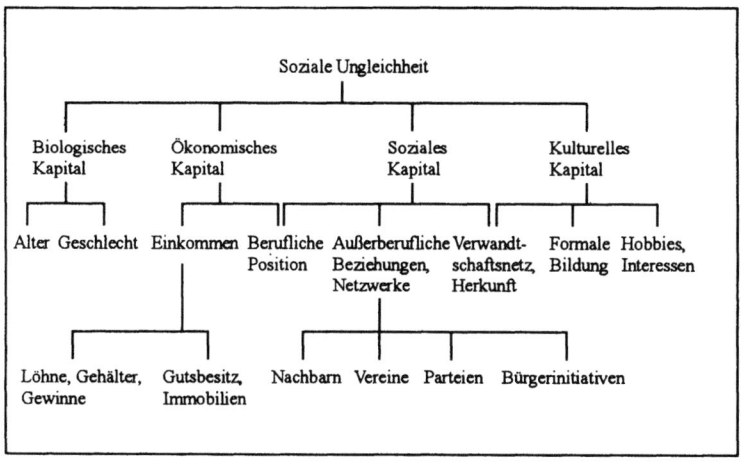

Eine weitere Möglichkeit der grafischen Organisation von Zusammenhängen ist das sog. **Mind-Map**. Zur Erstellung eines Mind-Maps wird ein zentraler Begriff als Kernwort in der Mitte eines Blattes gruppiert und davon ausgehend verschiedene Assoziationsketten und Querverbindungen angeschlossen. Ähnlich wie die oben beschriebene Brainstorming-Technik mit Kartenabfrage eignet sich ein Mind-Map auch

---

15 vgl. dazu die schon angebene Literatur in Kapitel 3.1 (Beispiel 1, Seminararbeit).

gut zur ersten Strukturierung eines Themas - etwa hinsichtlich verschiedener sozialwissenschaftlich relevanter Implikationen der Immunschwächekrankheit AIDS.

Abbildung 7:   *Aspekte der Immunschwächekrankheit AIDS*

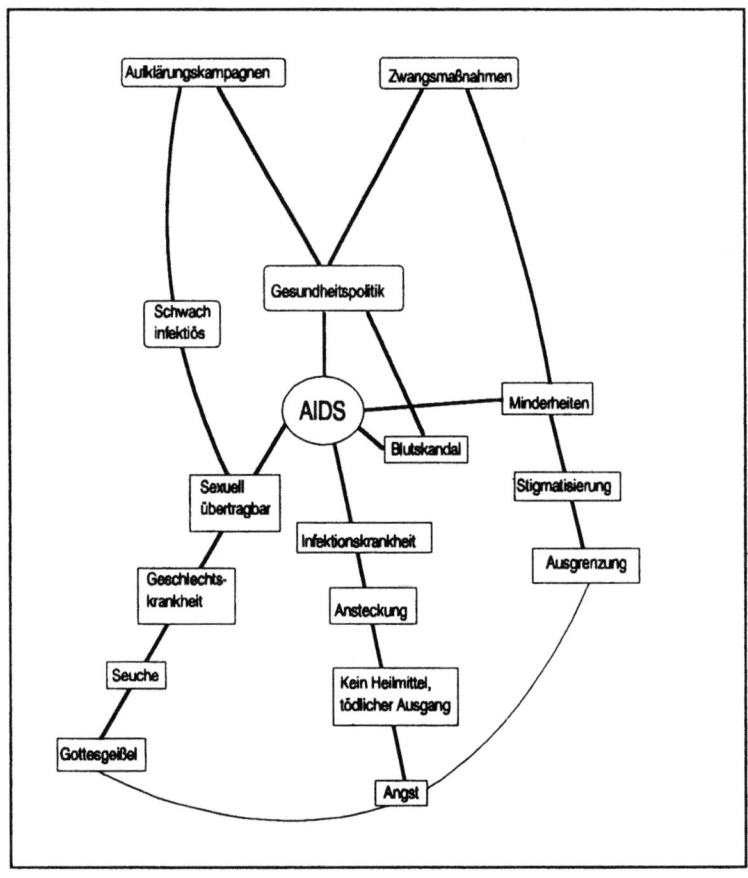

Bei allen Formen der grafischen Darstellung können für spätere schriftliche Ausarbeitungen die zentralen Argumente mit entsprechenden Fundstellen bzw. Quellen belegt werden. Dies empfielt sich in jedem Fall bei systematisierenden und theorievergleichenden Darstellungen, damit man vergleichsweise schnell auch auf die Originalliteratur zurückgreifen kann.

Grafische Darstellungen sind aber nicht nur gut dazu geeignet, ein bestimmtes Thema zu strukturieren und zu systematisieren, sie lockern auch längere Texte auf und fassen zentrale Aspekte der Argumentation anschaulich zusammen. Aus diesem Grund sind sie auch sehr gut geeignet für mündliche Präsentationen. Ihre Anfertigung ist also in jedem Fall lohnend.

3.5 Informationsvermittlung: Erstellung von Präsentationen und Berichten

Der Informationsverarbeitung folgt im Rahmen einer wissenschaftlichen Arbeit üblicherweise die Informationsvermittlung, wobei im Verlauf einer Lehrveranstaltung oder der Anfertigung einer Examensarbeit normalerweise sowohl Zwischen- als auch Endergebnisse präsentiert werden müssen. Zwischenergebnisse werden zumeist in mündlicher Form im Plenum vorgestellt, Endergebnisse in Form eines schriftlichen Berichtes, allerdings kann auch hier vorab eine mündliche Präsentation verlangt werden.

Für die mündliche und die schriftliche Präsentation ist grundsätzlich zu beachten:

1. Man sollte **für sich selbst oder in der Gruppe verbindliche Zeitpläne entwickeln**, was bis wann zu der jeweiligen Präsentation erledigt sein muß. Pufferzeiten für Unvorhergesehenes sind dabei einzuplanen.

2. **Mündliche wie auch schriftliche Zwischenberichte haben zwar vorläufigen Charakter im Hinblick auf das zu bearbeitende Thema und den damit verbundenen Endbericht, nicht aber im Hinblick auf die Art der Präsentation.**

Man sollte deshalb tunlichst darauf achten, daß Folien, Thesenpapiere und andere Texte, die bei Betreuern abgegeben oder im Plenum präsentiert werden, den Regeln der deutschen Sprache entsprechen und optisch ansprechend gestaltet sind. Literaturhinweise und Zitierweise müssen eine einheitliche Form aufweisen.

3.5.1 Mündliche Präsentation

Wie der Name schon sagt, dominiert hier das gesprochene Wort. Eine Präsentation unterscheidet sich allerdings in mehreren Punkten von dem klassischen Vortrag. Letzterer ist ein klar strukturierter Monolog mit gelegentlich eingeschobenen Folien oder Dias, an dessen Ende sich der Redner für die Aufmerksamkeit des Publikums bedankt und dem mitunter eine Fragerunde mit Verständnisfragen folgt, seltener eine Diskussion.

Demgegenüber werden bei einer **Präsentation** die Ausführungen und Argumente der Vortragenden stets durch den **Einsatz von Medien, Visualisierungen und Handouts** unterstützt. Außerdem sollte eine Präsentation immer das Plenum einbeziehen und zu einer kritischen Diskussion der vorgestellten Inhalte führen.

Man kann gar nicht oft genug betonen, daß das sichere Beherrschen von Präsentationstechniken und das Sprechen vor Gruppen Schlüsselqualifikationen sind, die man sowohl im Studium als auch im späteren Berufsleben immer wieder braucht. Auch und gerade in der vielzitierten Informationsgesellschaft mit neuen Beschäftigungsmöglichkeiten im Bereich der Informationsverarbeitung und -vermittlung kommt der Fähigkeit zur persönlichen Wissensvermittlung immer größere Bedeutung zu. Jede Chance, diese Fähigkeiten zu erwerben und zu trainieren sollte deshalb genutzt werden.

So wie man das Schreiben nur durch Schreiben lernt, so gilt auch hier: Präsentieren und Reden lernt man nur durch Präsentieren und Reden. Auch die damit verbundenen Unsicherheits- und Unlustgefühle, Ängste und Lampenfieber wird man nur ablegen bzw. zu beherrschen lernen, indem man sich entsprechenden Situationen immer wieder aussetzt. Allerdings gibt es bei der Aneignung rhetorischer Fähigkeiten und der Entwicklung eines eigenen Rede- und Präsentationsstils an deutschen Hochschulen nur wenige systematische Hilfen. Entsprechende Fähigkeiten werden vielfach eher vorausgesetzt als vermittelt.

Deshalb ist es sehr hilfreich, wenn immer **ein Mitglied der jeweiligen Arbeits- oder Lerngruppe (oder ein befreundeter Kommilitone im Seminar) auf den Vortrags- und Präsentationsstil der Referenten achtet** und hinterher eine entsprechende Rückmeldung gibt. Dabei sollen nicht nur kritische Punkte angesprochen werden, sondern auch positive Eindrücke, da Referenten häufig weder im positiven noch im negativen Sinn wissen, wie sie auf andere wirken und wie ihr Vortrag bei anderen ankommt. Dabei ist die generelle Feedback-Regel zu beachten, daß Kritik konkret und konstruktiv sein soll und man mit den positiven Feedbacks beginnt.

Zumindest denen, die massive Redehemmungen und -ängste haben, seien darüberhinaus spezifische Rhetorikkurse empfohlen, wie sie z. B. die Friedrich-Ebert-Stiftung in Form von Wochenkursen anbietet. Dabei stehen nicht rhetorische Raffinessen und Tricks im Vordergrund. Vielmehr lernen die Teilnehmer, wie sie beim Auftreten vor Gruppen reagieren, wie ihr Redestil und ihr gesamtes Auftreten auf andere wirken und wie man mit Medien wie Mikrofon oder Videokamera umgeht (Informationen über das je aktuelle Programm gibt es bei der Friedrich-Ebert-Stiftung in Bonn. Ähnliche Kurse werden außerdem auch von anderen Bildungseinrichtungen angeboten).

In diesem Zusammenhang noch eine Anmerkung: In der einschlägigen Literatur wird immer wieder darauf hingewiesen, **frei zu sprechen**. Richtig ist, daß frei gehaltene flüssige Vorträge immer besser wirken als abgelesene. Sie sind insofern auch die **bessere Alternative**. Nur ist die **freie Rede auch nicht so ganz einfach**. Gerade Anfänger, die ohnehin schon Redehemmungen haben, fühlen sich durch die Forderung nach einem frei gehaltenen Vortrag häufig erst recht unter Druck gesetzt und sehen sich mit einer Erwartung konfrontiert, die sie nicht erfüllen können. Deshalb die Empfehlung: **Wer sich mit dem freien Reden schwertut und auch mit Stichwortmanuskripten wenig anfangen kann, der sollte den Text vorher tatsächlich ausformulieren und das Manuskript vortragen.** Dies ist allemal besser als eine frei gestotterte und gestammelte Rede. Bei Verwendung eines Manuskriptes ist dann aber darauf zu achten, daß man den Text nicht einfach abliest, sondern immer wieder Blickkontakt mit dem Auditorium sucht.

Denn die nicht zu bestreitenden **Risiken vorformulierter Texte** bestehen darin, daß die Vortragenden stur am Text kleben, nicht aufblicken und mit monotoner Stimme ohne erkennbare Modulation ihre Ausführungen herunterleiern. Sind sie nervös, sprechen sie möglicherweise auch noch sehr schnell, um die unangenehme Vortragssituation schnell hinter sich zu bringen. All dies ist dem Gesamteindruck der Präsentation natürlich sehr abträglich. Allerdings kann man all diese Probleme durch Übung in den Griff bekommen.[16]

In jedem Fall sollten vorformulierte Texte **vor der eigentlichen Präsentation mindestens einmal laut gelesen** werden, dabei ist auf Modulation und Sprechtempo zu achten. Diese Vorgehensweise ermöglicht zudem eine **realistische Einschätzung der Vortragsdauer**. Denn viele Vorträge und Präsentationen von Studierenden sind definitiv zu lang und überschreiten die vorgesehene Zeit (in der Regel zwischen 15 und 30 Minuten) oft ganz erheblich. Dies wird zwar immer noch in vielen Lehrveranstaltungen toleriert, ist aber kein entschuldbarer Lapsus, sondern ein massiver Ausweis von Unprofessionalität und mangelnder Darstellungskompetenz. Die nicht vorhandene Fähigkeit, mit einem vorgegebenen Zeitrahmen auszukommen, rächt sich spätestens im späteren Berufsleben bei Präsentationen in einem Betrieb oder Vorträ-

---

16 Auch zur Bewältigung solcher Probleme ist die Teilnahme an einem Rhetorikkurs hilfreich.

gen auf Kongressen, wo der Vorgesetzte, Diskussionsleiter oder Moderator 5 Minuten nach Ende der vorgesehenen Vortragsdauer den Rednern das Wort entzieht (oder früher).

Neben der eigentlichen Sprache kann bei Vorträgen auch die **Körpersprache** zum Problem werden bzw. das Auditorium irritieren. Ein Hauptproblem dabei ist die aus Nervosität resultierende übertriebene Bewegung, die Unruhe schafft und vom eigentlichen Thema ablenkt. Man sollte bei einem Vortrag oder einer Präsentation eine feste Position einnehmen (neben der Leinwand, hinter einem Pult oder dem Overhead) und nicht ständig im Raum auf- und ablaufen. Ein weiteres großes Problem ist für viele Vortragende die Frage, was sie mit ihren Händen machen sollen. Wildes Gestikulieren kann hier genauso störend wirken wie das verkrampfte Festhalten am Pult oder an einem Stift. Gerade bei der Körpersprache sind allgemeine Empfehlungen allerdings sehr schwierig, da sich Nervosität und Anspannung wie auch unbewußte Bewegungsabläufe bei jedem anders darstellen. Insbesondere hier sind Rückmeldungen von Kommilitonen (oder auch von Dozenten) sehr wichtig und man sollte diese Möglichkeiten nutzen.

In unnachahmlicher Weise hat Kurt Tucholsky bereits 1930 eine solche Rückmeldung in Form von "Ratschlägen für einen schlechten Redner" formuliert und damit verdeutlicht, worauf es bei einer Rede ankommt. Trefflicher und zugleich amüsanter kann man wohl nicht sagen, was alles schieflaufen kann:

"Fang nie mit dem Anfang an, sondern immer drei Meilen vor dem Anfang! Etwa so:

'Meine Damen und Herren! Bevor ich zum Thema des heutigen Abends komme, lassen Sie mich Ihnen kurz ...

Hier hast du schon so ziemlich alles, was einen schönen Anfang ausmacht: eine steife Anrede; der Anfang vor dem Anfang; die Ankündigung, daß und was du zu sprechen beabsichtigst, und das Wörtchen kurz. So gewinnst du im Nu die Herzen und die Ohren der Zuhörer.

Denn das hat der Zuhörer gern: daß er deine Rede wie ein schweres Schulpensum aufbekommt; daß du mit dem drohst, was du sagen wirst, sagst und schon gesagt hast. Immer schön umständlich. (...)

Sprich wie du schreibst. Und ich weiß, wie du schreibst. Sprich mit langen, langen Sätzen - solchen, bei denen du, der du dich zu Hause, wo du ja die Ruhe, deren du so sehr benötigst, deiner Kinder ungeachtet, hast, vorbereitest, genau weißt, wie das Ende ist, die Nebensätze schön ineinandergeschachtelt, so daß der Hörer, ungeduldig auf seinem Sitz, hin und her träumend, sich in einem Kolleg wähnend, in dem er früher so gern geschlummert hat, auf das Ende solcher Periode wartet ... nun, ich habe dir eben ein Beispiel gegeben. So mußt du sprechen.

Fang immer bei den alten Römern an und gib stets, wovon du auch sprichst, die geschichtlichen Hintergründe der Sache. Das ist nicht nur deutsch - das tun alle Brillenmenschen. Ich habe einmal in der Sorbonne einen chinesischen Studenten sprechen hören, der sprach glatt und gut französisch, aber er begann zu allgemeiner Freude so: 'Lassen Sie mich Ihnen in aller Kürze die Entwicklungsgeschichte mei-

ner chinesischen Heimat seit dem Jahre 2.000 vor Christi Geburt ...´ Er blickte ganz erstaunt auf, weil die Leute so lachten.

So mußt du das auch machen. Du hast ganz recht: man versteht es ja sonst nicht, wer kann denn das alles verstehen, ohne die geschichtlichen Hintergründe ... sehr richtig! (...)

Kümmere dich nicht darum, ob die Wellen, die von dir ins Publikum laufen, auch zurückkommen - das sind Kinkerlitzchen. Sprich unbekümmert um die Wirkung, um die Leute, um die Luft im Saale; immer sprich, mein Guter. Gott wird es dir lohnen.

Du mußt alles in die Nebensätze legen. Sag nie: 'Die Steuern sind zu hoch". Das ist zu einfach. Sag: 'Ich möchte zu dem, was ich soeben gesagt habe, noch kurz bemerken, daß mir die Steuern bei weitem ...´ So heißt das. (...)

Wenn du einen Witz machst, lach vorher, damit man weiß, wo die Pointe ist.

Eine Rede ist, wie könnte es anders sein, ein Monolog. Weil doch nur einer spricht. Du brauchst nach vierzehn Jahren öffentlicher Rednerei noch nicht zu wissen, daß eine Rede nicht nur ein Dialog, sondern ein Orchesterstück ist: eine stumme Masse spricht nämlich ununterbrochen mit. Und das mußt du hören. Nein, das brauchst du nicht zu hören. Sprich nur, lies nur, donnere nur, geschichtele nur.

Zu dem, was ich soeben über die Technik der Rede gesagt habe, möchte ich noch kurz bemerken, daß viel Statistik eine Rede immer sehr hebt. Das beruhigt ungemein, und da jeder imstande ist, zehn verschiedene Zahlen mühelos zu behalten, so macht das viel Spaß.

Kündige den Schluß deiner Rede lange vorher an, damit die Hörer vor Freude nicht einen Schlaganfall bekommen. (...) Kündige den Schluß an, und dann beginne deine Rede von vorn und rede noch eine halbe Stunde. Dies kann man mehrere Male wiederholen. (...).
Sprich nie unter anderthalb Stunden, sonst lohnt es gar nicht erst anzufangen.
Wenn einer spricht, müssen die anderen zuhören - das ist deine Gelegenheit! Mißbrauche sie. "
(Ratschläge für einen schlechten Redner, in: Tucholsky, K: Gesammelte Werke, Band 8. 1930, Reinbek 1975, S. 290-292)

Viele Vortragende haben diese Ratschläge denn auch verinnerlicht und befolgen sie in meisterhafter Perfektion bei jedem Vortrag. Daß es sich um Ratschläge für schlechte Redner handelt, scheint ihnen allerdings irgendwie entgangen zu sein. Will man das ganze deshalb weniger amüsant, aber dafür vielleicht einprägsamer auf den Punkt bringen, liest sich das etwa so:

Bedenken Sie immer, daß für einen Vortrag oder eine Präsentation nur begrenzte Zeit zur Verfügung steht, die auch einzuhalten ist. Das Überziehen der vorgegebenen Zeit ist ein Zeichen mangelnder Professionalität. Kommen Sie deshalb ohne lange Vorrede zur Sache und bleiben Sie dabei. Verzichten Sie auf weitschweifige Erklärungen und Exkurse. Formulieren Sie Hauptsätze. Scheuen Sie sich nicht, eine klare Position zu beziehen oder auch mal provokante Thesen oder Formulierungen zu bringen. Der anschließenden Diskussion ist das sehr förderlich. Seien

Sie sparsam mit Zahlen und präsentieren Sie diese immer auch optisch. Verwenden Sie aber nicht zu viele Folien oder Dias.

Die zunehmende Beliebtheit von optischen Unterstützungen des Gesagten bei Präsentationen, von sogenannten **Visualisierungen,** hängt damit zusammen, daß sie erstens zur Auflockerung beitragen und zweitens - was noch wichtiger ist - die Behaltensquote von Informationen steigern, weil nicht nur der auditive, sondern auch der optische Kanal angesprochen wird (vgl. Abb. 8). Dies funktioniert aber nur, wenn man das Publikum nicht überfordert und eine Folie nach der anderen auflegt.

Visualisierungen werden verwendet, um:

• Kernaussagen zusammengefaßt wiederzugeben.

• Zusammenhänge darzustellen.

• Den Redeaufwand zu verkürzen.

Für Visualisierungen kann man nutzen:

• Folien, Dias oder Videosequenzen zur Veranschaulichung einzelner Argumente (sog. Kurzfristmedien für wechselnde Inhalte).

- Flipcharts, Plakate oder Tafelanschriften für Gliederungen, grundlegende Thesen oder zentrale Begriffe (sog. Dauermedien für Inhalte, die während der gesamten Präsentation sichtbar sein sollten).

- Tischvorlagen (Handouts, Thesenpapiere).

Abbildung 8:   *Behaltensquote von Informationen*
                       (Angaben in Prozent)[17]

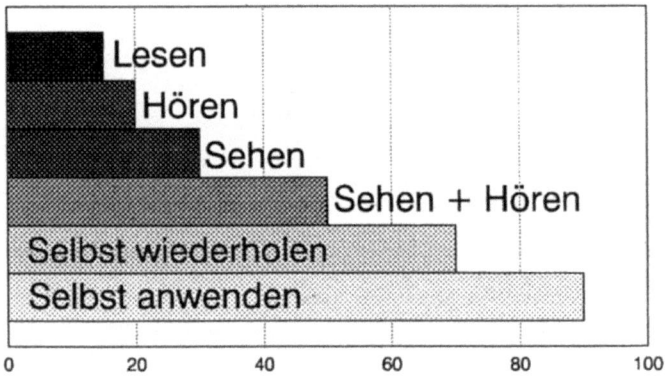

Quelle: Hartmann, Funk und Niemann 1991, S. 110

---

17 Der Abbildung läßt sich darüberhinaus entnehmen, daß die Behaltensquote dann am höchsten ist, wenn man sich ein Thema durch problemorientiertes Lernen selbst angeeignet hat. Auch dies spricht für das Nacharbeiten von Vorlesungsstoff und die Mitarbeit an einer Projektstudie oder einem Lehrforschungsprojekt.

Noch eine Anmerkung zur Präsentation von Gliederungen: Das häufig zu beobachtende Ritual, eine Gliederung zu Beginn einer Präsentation als Folie aufzulegen, eventuell kurz zu erläutern und dann ganz schnell wieder den Blicken des Publikums zu entziehen, kann man sich sparen. Eine Gliederung ist nur dann eine wirksame Strukturierungs- und Orientierungshilfe für Vortragende und Auditorium, wenn man darauf immer wieder zurückgreifen kann und die Gliederung deshalb auch permanent sichtbar ist, also als Handout oder Plakat präsentiert oder an die Tafel geschrieben wird.

Die **Wahl der einzusetzenden Medien** hängt vom **Thema der Präsentation**, aber auch von der **Größe des Auditoriums** ab. Anschriften an Tafel, Whiteboard oder Flipchart sind ab einer bestimmten Entfernung kaum noch zu erkennen und eignen sich nicht für Vorträge vor mehr als 50 Personen.

Overhead- oder Computerprojektionen (mit LCD-Display oder speziellen Beamern) sowie Videovorführungen hängen in ihrer Qualität und Reichweite natürlich von der jeweiligen Technik ab. Bei Overheads wird die Projektion umso größer, je weiter der Overhead von der Leinwand entfernt steht. Dies wiederum kann unter Umständen aber für die Vortragenden problematisch werden, die üblicherweise vor dem Auditorium stehen. Gegebenenfalls muß man hier - wie auch bei Dia-Projektionen - arbeitsteilig vorgehen und einen Teilnehmer der Arbeitsgruppe mit dem Wechseln der Folien betrauen. Beim Einsatz dieser Medien ist außerdem zu prüfen, inwieweit die Lesbarkeit der Projektionen durch Tageslichteinfall reduziert wird. Je nach Technik kann man mit Overhead, Beamer oder Video auch vor sehr großen Gruppen (mehr als 200 Personen) präsentieren.

Dies gilt auch für Diaprojektionen, die im Unterschied zu Folien aber den Nachteil haben, daß ihre Herstellung aufwendiger ist. Außerdem verlangt der Einsatz des Diaprojektors stets einen abgedunkelten Raum, was durchaus das Risiko birgt, daß das Publikum einschläft. Diavorführungen sollten darum nicht allzu lange dauern.

Diese Ausführungen **zusammenfassend** lassen sich damit für mündliche Präsentationen **folgende Empfehlungen** formulieren, die im Interesse einer gelungenen Präsentation auch eingehalten werden sollten:

1. Zeit

- Halten Sie die vorgegebene Zeit ein!!!!!

- Messen Sie vorher, wie lange Sie brauchen.

2. Sprache und Körpersprache

- Versuchen Sie, frei zu sprechen.

- Lesen Sie vorformulierte Texte nicht stur ab, sondern stellen Sie Blickkontakt zu Ihrem Publikum her.

- Sprechen Sie laut genug.

- Sprechen Sie nicht zu schnell.

- Sprechen Sie mit klarer Artikulation und Modulation.

- Sprechen Sie zu Ihrem Publikum, nicht zur Tafel, zur Projektionsfläche oder ausschließlich zu den Veranstaltern!!!

- Kontrollieren Sie Ihre Körperhaltung.

- Suchen Sie sich einen festen Stand und achten Sie auf Ihre Hände.

3. Visualisierungen

- Visualisierungen unterstützen Ihre Ausführungen und erleichtern dem Publikum das Verständnis - aber nur, wenn sie auch gut lesbar und nicht mit Informationen überfrachtet sind.

- Verwenden Sie große und kleine Buchstaben.
  TEXTE, DIE AUSSCHLIESSLICH IN VERSALIEN GESCHRIEBEN WORDEN SIND, KANN MAN NUR SCHWER LESEN. PROBLEME DER LESBARKEIT STEIGEN DABEI AUSSERDEM MIT DER LÄNGE DES TEXTES.

- Beschränken Sie sich auf Kernaussagen und verwenden Sie nicht zu viele Folien!

- Nehmen Sie Kopien der Folien zu Ihren Vortragsunterlagen, wenn Sie diese kommentieren wollen, damit sie sich nicht zur Projektionsfläche umdrehen müssen.

- Lassen Sie dem Publikum genügend Zeit, um die Inhalte der Visualisierungen zur Kenntnis zu nehmen.

- Visualisierungen müssen bis zur letzten Reihe lesbar sein.

- Machen Sie sich nach Möglichkeit vor der Anfertigung von Präsentationsmaterial mit dem Vortragsraum vertraut, um insbesondere dessen Größe einschätzen zu können.

4. Medien

- Stellen Sie vor Ihrer Präsentation sicher, daß die Pinwände, Flipcharts und alle technische Geräte, die Sie benötigen, vorhanden sind und Sie auch damit umgehen können!!!
  Nichts wirkt peinlicher als eine aufwendige Gerätekulisse, die dann von den Vortragenden nicht bedient werden kann.

- Überzeugen Sie sich vor der Präsentation davon, daß die Geräte funktionieren!!

Farbige Poster und Folien wirken sehr viel besser als schwarz-weiße. Allerdings sind Farbfolien deutlich teurer.

Ihre Herstellung ist abhängig von der Verfügbarkeit entsprechender Geräte. Die meisten Veranstalter von Lehrveranstaltungen erwarten nicht, daß man Farbfolien erstellt. Wenn Sie allerdings später wichtige Vorträge halten müssen, sind Farbfolien sehr empfehlenswert.

Aber nochmal: Eine Präsentation soll nicht in ein Dia- oder Folien-Gewitter oder eine Multi-Media-Show ausarten - erst recht sollte man sich davor hüten, zweifelhafte Inhalte durch bombastische Präsentationen kompensieren zu wollen. Dadurch steigert man nicht die Aufmerksamkeit des Publikums, sondern erreicht genau das Gegenteil. Die Zuschauer und -hörer schalten entnervt, überfordert oder gelangweilt ab.

Der **Auswahl** des auch optisch zu präsentierenden Materials kommt aus diesen Gründen zentrale Bedeutung zu. Hier kann man sich an folgende **Faustregel** halten:

Erklärungen, Sachverhalte und Zusammenhänge, die sich die Zuhörer nur schwer vorstellen können oder deren rein verbale Darstellung viel Zeit in Anspruch nehmen würde, sollten auch optisch dargestellt werden. Dazu gehören beispielsweise Zahlen und Statistiken oder Modelle wie die in den obigen Abbildungen dargestellten.

Tunlichst vermeiden sollte man das Einblenden oder Auflegen von Dias oder Folien, die mit den parallel vorgetragenen Ausführungen nichts zu tun haben. Dies führt nicht zur Auflockerung der Präsentation, sondern zur Verwirrung und Verärgerung der Zuhörer (besonders dann, wenn man ständig irgend-welche "witzigen" oder "originellen" Bilder, Comics usw. präsentiert).

Neben Visualisierungen werden bei Präsentationen häufig auch Tischvorlagen oder Handouts eingesetzt. **Tischvorlagen** sollten nicht länger als zwei Seiten sein und eine präzise Ein-grenzung des Themas oder Problems beinhalten und die we-sentlichen Argumente der Präsentation in knapper Form wie-dergeben.

Sie sollen Diskussionen anregen und können zu diesem Zweck - wie mündliche Ausführungen auch - durchaus pro-vokative Thesen enthalten. Außerdem sollen sie die Struktur der Präsentation aufzeigen, dadurch für die Zuhörer eine Orientierungshilfe bieten und insbesondere vom Mitschreiben entlasten.

Sie müssen enthalten:

• Thema der Präsentation.

• Namen der Autoren.

• Datum der Präsentation.

• Gegebenenfalls auch zentrale Literatur.

Umfänglichere Handouts, die alle Informationen der Präsen-tation beinhalten (z. B. Vortragsmanuskripte), sollten erst

nach der Präsentation ausgeteilt werden, weil das Publikum ansonsten von einem konzentrierten Zuhören abgelenkt wird. Man sollte aber einführend darauf hinweisen, daß ein solches Handout am Schluß ausgegeben wird und intensives Mitschreiben deshalb nicht notwendig ist.

Für das Publikum gilt: Nutzen Sie die Möglichkeiten zur Diskussion bei Präsentationen im Plenum. Erstens lernen Sie so, kritisch zuzuhören und entsprechende Fragen zu formulieren. Zweitens verlieren Sie so nach und nach die Hemmung, sich in größeren Gruppen zu Wort zu melden. Drittens profitieren auch die Vortragenden (und damit wiederum auch Sie selbst, wenn Sie vortragen) von einer ausgeprägten Diskussionskultur, da sie so eine inhaltliche Rückmeldung für ihre Ausführungen bekommen, die auch die Schwachstellen verdeutlicht. Außerdem lernen Sie bei kontroversen Meinungen auch, ihre Position argumentativ zu verteidigen.

Der mündlichen Präsentation folgt die schriftliche Arbeit, bei der es ebenfalls professionelle Standards gibt, die einzuhalten sind.

3.5.2 Schriftliche Arbeiten

Zunächst und grundsätzlich müssen **schriftliche Arbeiten bestimmten formalen Standards genügen**. Diese Standards sind Regeln, die nicht objektivierbar, sondern auf **Konventionen** basieren und dazu dienen, die **Lesbarkeit des Textes zu erhöhen** und die **Argumentation** durch Belege und Quellenangaben **nachvollzieh- und überprüfbar** zu machen. Damit soll sichergestellt werden, daß die zentralen Kriterien wissenschaftlichen Arbeitens, nämlich intersubjektive Überprüfbarkeit, systematisches und kontrolliertes Vorgehen, eingehalten werden.

Dabei gibt es, gerade was das Zitieren und Bibliographieren betrifft, unterschiedliche Detailregeln. Im Grunde genommen ist es völlig gleichgültig, welche der diversen Varianten für Zitate und Literaturangaben verwendet wird.[18] Wichtig ist nur, daß eine einmal gewählte Form dann auch konsequent und konsistent angewendet wird. Zu beachten ist auch: In aller Regel werden Arbeiten, die grundlegenden formalen Standards nicht genügen, zur Überarbeitung zurückgegeben.

Im folgenden wird die sog. **amerikanische Zitierweise** vorgestellt, bei Literaturhinweisen werden Autorenname, Titel, Erscheinungsort und -jahr (bzw. bei Periodika Jahrgangsnummer und Jahr) verwendet. Diese Angaben genügen voll-

---

18 Wer an einer ausführlicheren Darstellung verschiedener Zitierweisen und Literaturangaben interessiert ist, kann diese beispielsweise in Poenicke 1988 nachlesen.

auf, um zitierte Literatur zu finden. Nochmal: Es gibt auch andere Möglichkeiten des Zitierens und Bibliographierens. Die hier vorgestellten Varianten sind deshalb gewählt worden, weil sie die ökonomischsten sind und den Schreibaufwand erheblich reduzieren. Sie sind nicht "richtiger" als andere Varianten. Allerdings gibt es Fächer, Fachbereiche und Fakultäten, die andere Standards zwingend vorschreiben (in der Psychologie etwa wird bundesweit bei allen schriftlichen Arbeiten die Anwendung der Richtlinien zur Manuskriptgestaltung - inklusive spezieller Formalia zur Gestaltung der Literaturliste -der Deutschen Gesellschaft für Psychologie erwartet, nachlesbar in: Deutsche Gesellschaft für Psychologie (Hrsg.): Richtlinien zur Manuskriptgestaltung, Göttingen 1987). Man sollte sich deshalb vor Abfassung der ersten schriftlichen Arbeit kundig machen, ob und wenn ja welche Zitierrichtlinien und sonstigen formalen Standards in dem eigenen Studienfach gelten. In aller Regel sind solche Richtlinien bei den Fachschaften erhältlich.

An dieser Stelle ist auch eine Anmerkung zu der **Länge und dem Textgenre** eigener schriftlicher Arbeiten angebracht, da sich Studierende erfahrungsgemäß gerade mit diesem Punkt recht schwer tun. Jede wissenschaftliche Arbeit muß für sich selbst lesbar sein und eine kohärent, in sich schlüssige Argumentation aufweisen. Bei Seminararbeiten kann man sich hier an Artikeln in Fachzeitschriften oder Überblicksdarstellungen in Handlexika orientieren, in denen entweder ausgewählte Forschungsergebnisse exemplarisch dargestellt oder eine bestimmte Frage überblickartig dargestellt und diskutiert wird. Dementsprechend sollten Hausarbeiten einen Umfang zwischen 10 und 20 Seiten haben. Zu achten ist hierbei aber auf eine in sich schlüssige und zusammenhängende Argumentation.

Examensarbeiten sind dagegen Forschungsberichte, in denen bestimmte Fragen und Probleme differenzierter und detaillierter behandelt werden. Dies manifestiert sich in einer umfänglicheren Gliederung, einer ausführlicheren theoretischen Begründung und der Dokumentation aller Aspekte des Forschungsprozesses. Hier kann man sich an einem Umfang zwischen 60 und 100 Seiten orientieren.[19]

An vielen Universitäten gibt es für Seminar- und Examensarbeiten inzwischen allerdings auch eindeutige Beschränkungen der Seitenzahlen. Man sollte sich hier ebenfalls genau erkundigen, welchen Umfang eine Arbeit maximal haben darf.

Formale Gestaltung der schriftlichen Arbeit

Jeder Arbeit muß ein Titelblatt vorangestellt werden, welches folgende Angaben beinhalten sollte:

- Name der Universität.

- Studienfach/Fachbereich.

---

19 vgl. dazu auch die in Kapitel 3.1 vorgestellten Beispiele.

- Titel der Veranstaltung (bei Seminararbeiten).

- Namen der Veranstalter/Betreuer.

- Titel der Arbeit.

- Verfasser mit: Name, Anschrift und Matrikelnummer

- Abgabetermin.

Formal besteht eine **schriftliche Arbeit** immer aus einer **Einleitung**, einem **Hauptteil** und einem **Schluß**, sowie einem **Literaturverzeichnis** am Ende. Optional können außerdem auch noch eine Vorbemerkung, eine Zusammenfassung und ein Anhang eingefügt werden. Dies ist allerdings nur bei längeren Arbeiten zu empfehlen, also bei Examensarbeiten oder Abschlußberichten eines Lehrforschungsprojektes. Die Vorbemerkung dient dazu, über den Hintergrund und Anlaß für die jeweilige Arbeit zu informieren und anderen gegebenenfalls für die geleistete Unterstützung bei der Erstellung zu danken. In der Zusammenfassung werden die wichtigsten theoretischen Überlegungen und zentrale empirische Befunde überblickartig dargestellt. In dem Anhang werden für das Verständnis und die Nachvollziehbarkeit der Argumentation wichtige Informationen dokumentiert, die sich nicht oder nur schwer in den eigentlichen Text integrieren lassen, beispielsweise der Fragebogen einer empirischen Untersuchung.

Abkürzungsverzeichnisse oder Register sind ebenfalls nur bei längeren Arbeiten sinnvoll, nicht aber bei Seminararbeiten mit 10 bis 20 Seiten Umfang.

Formale Bestandteile einer schriftlichen Arbeit:

- (Vorbemerkung).

- Einleitung.

- Hauptteil.
  - Theoretischer Bezugsrahmen.
  - Methodik.
  - Ergebnisse.

- Schlußbemerkungen/Fazit.

- (Zusammenfassung).

- (Anhang).

- Literaturverzeichnis.

Daß eine schriftliche Arbeit sich stets in dieser Art und Weise gliedert, sollte nun allerdings nicht dazu führen, daß man ausschließlich diese Begriffe auch im Inhaltsverzeichnis findet. Diese vorgestellte Gliederung beschreibt formal die Funktionen der einzelnen Kapitel, die nach Möglichkeit natürlich selbstsprechende Überschriften erhalten sollten, und zwar in Abhängigkeit von dem jeweils bearbeiteten Thema.

Als **Beispiel** für die Gliederung einer empirischen Arbeit wird im folgenden das Inhaltsverzeichnis der abschließenden Monographie des Projektes "AIDS und die gesellschaftlichen Folgen" dokumentiert.

Beispiel für ein Inhaltsverzeichnis

Inhalt

Seite

aus: Jacob, R.; Eirmbter, W. H.; Hahn, A.; Hennes, C.; Lettke, F.:
AIDS-Vorstellungen in Deutschland. Stabilität und Wandel,
Frankfurt 1997

Manuskriptgestaltung

Wie schon erwähnt, gibt es für die genaue Gestaltung des Manuskriptes an vielen Universitäten fachspezifische Empfehlungen oder auch Auflagen, die man sich besorgen sollte. Sofern man hier aber völlig freie Hand hat, sind folgende **Minimalstandards** ratsam, weil dadurch die **Lesbarkeit von Texten erhöht** wird und diese zudem optisch ansprechender wirken:[20]

- Man sollte Blocksatz verwenden und keinen Flatterrand (siehe nächster Absatz), weil dadurch das Schriftbild ruhiger wirkt und sofort erkennbar ist, wo ein Absatz endet. Zusätzliche Leerzeilen zwischen den Absätzen sind ebenfalls empfehlenswert.

- Die Verwendung einer Proportionalschrift ist einer Pica-Schrift (Schrift mit festen Abständen zwischen den einzelnen Buchstaben, z. B. Courier) vorzuziehen. Daß in Pica-Schrift geschriebene Texte weniger gut wirken und auch weniger gut lesbar sind, sollte dieser Absatz gezeigt haben.

---

20 In jedem Fall ist es ratsam, die gewählten oder vorgegebenen Standards in einer Druckformatvorlage umzusetzen, weil die Verbindung von Texten mit einer Druckformatvorlage Formatierungsarbeiten bei der Endreadaktion auf ein Minimum beschränkt. Wie solche Druckformatvorlagen erstellt werden, kann man dem Hamdbuch des jeweils verwendeten Textverarbeitungsprogrammes entnehmen.

- Zudem sollte man eine Proportionalschrift mit Serifen verwenden, denn serifenlose Schriftarten sind ebenfalls weniger gut lesbar. (Dieser Absatz wurde mit Univers, einer solchen serifenlosen Schrift geschrieben).

- Als Schriftart empfehlenswert ist eine Times-Roman-Schrift (mit dieser Schriftart wurde dieses Buch geschrieben) mit Schriftgrad 12.

- Überschriften können in den Schriftgraden 16 oder 14 und/oder in Fettdruck formatiert werden. Verschiedene Gliederungsebenen sollten durch unterschiedliche Gestaltung der Überschriften auch optisch voneinander abgehoben werden.

- Als Seitenränder sind empfehlenswert: Oben, unten, rechts und links jeweils 3 cm.

- Fußnoten sollten auf der gleichen Seite plaziert werden wie der jeweilige Text und nicht am Ende. Dadurch erspart man den Lesern lästiges Blättern.

- Tabellen und Abbildungen müssen für sich selbst les- und verstehbar sein.

Tabellen und Abbildungen werden im Text fortlaufend durchnumeriert und müssen enthalten:

- Titel.

- Eindeutige Benennung der verwendeten Merkmale.

- Fallzahlen (N).

- Statistische Maßzahlen (sofern Zusammenhänge ausgewiesen werden).

- Gegebenenfalls die Quelle (bei der Darstellung eigener Ergebnissse nicht nötig).

Beispiele:

Tabelle 1: "Infektiösität von Krebs" nach Bildungs- grad (Angaben in Prozent)

1. Zeile: West 2. Zeile: Ost	Bildungsgrad			
„Infektiösität von Krebs"	kein Ab- schluß	Haupt- schule	10. Klasse	FHR/ Abitur
sehr ansteckend	**11,8** *9,0*	**4,7** *2,7*	**2,5** *3,4*	**2,0** *2,6*
weniger ansteckend	**9,8** *19,2*	**13,7** *14,4*	**10,3** *12,5*	**3,8** *9,0*
überhaupt nicht ansteckend	**58,8** *64,1*	**75,7** *73,2*	**80,9** *78,7*	**90,2** *87,3*
weiß nicht	**19,6** *7,7*	**5,9** *9,7*	**6,3** *5,5*	**4,0** *1,1*
%	100,0	100,0	100,0	100,0
West: Sig. = .000, Gamma = .186, N = 2044 *Ost: Sig.= .000, Gamma = .025, N = 1071*				

Quelle: Jacob u. a. 1997, S. 111

111

Abbildung 9:   *Verteilung der gemeldeten AIDS-Fälle seit 1982, Stand 31.12. 1993*

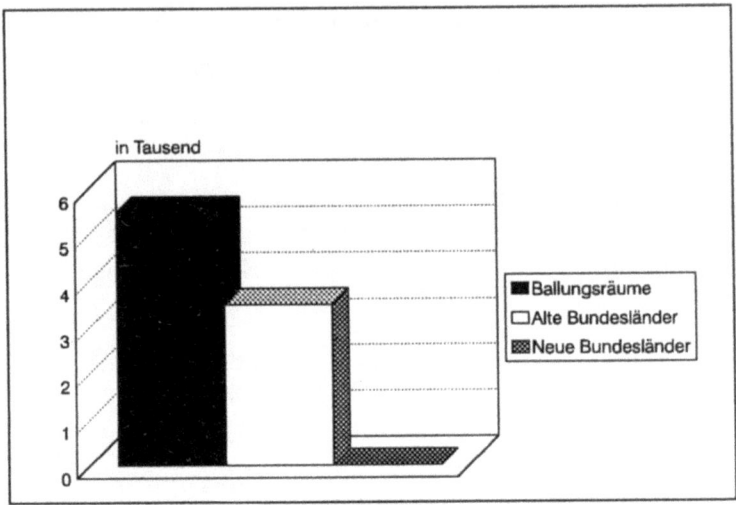

Quelle: Quartalsbericht IV/93 des AIDS-Zentrums des BGA

Zur Beantwortung der Frage, wann eine Tabelle und wann eine Grafik zu verwenden ist, kann man sich an die Faustregel halten, daß Tabellen immer dann angebracht sind, wenn man an den genauen Zahlen interessiert ist. Will man dagegen größere Unterschiede veranschaulichen oder Verteilungen darstellen, dann sind Grafiken sinnvoller.[21]

---

21 Ausführlich und mit vielen praktischen Hinweisen wird das Thema der grafischen Aufbereitung von Daten von Krämer 1994 dargestellt. Der Titel des Werkes "So überzeugt man mit Statistik" mag hier vielleicht ein wenig irreführend klingen und abschreckend wirken. Es geht in dem Buch nicht um

Zitieren

Grundsätzlich gilt: Wörtlich oder sinngemäß übernommene fremde Gedanken müssen zitiert werden, das heißt, die Quelle muß angegeben werden.

Verwendet wird dazu in den Beispielen die **amerikanische Zitierweise**, die Belege werden in den Text integriert. Es sei hier nochmals daran erinnert, daß es von dieser Zitierweise abweichende Vorschriften geben kann, die an den jeweiligen Hochschulen erhältlich sind. Zur Erinnerung: Zitierweise und Modi der Literaturangaben sind Hilfen für die Leser, um die Argumentation kritisch prüfen zu können. Sie basieren auf Konventionen und sind deshalb nicht objektivierbar. **Allerdings sind einmal gewählte Standards konsequent einzuhalten.**

Bei Zitaten und Literaturlisten werden üblicherweise folgende Abkürzungen verwendet:

Zitierabkürzungen

a.a.O	= am angegebenen Ort
Aufl.	= Auflage
Bd.	= Band

Statistik, sondern um die Wirkung und die Einsatzmöglichkeiten von Grafiken.

Bde.	= Bände
ders.	= derselbe
dies.	= dieselbe
Diss.	= Dissertation
ebd.	= ebenda
et al.	= et alii (und andere Autoren)
f.	= folgende (Seite)
ff.	= fortfolgende (Seiten)
Forts.	= Fortsetzung
H.	= Heft
Habil.	= Habilitationsschrift
Hrsg., Hg.	= Herausgeber
hrsg. v.	= herausgegeben von
ibd.	= ibidem (ebenda)
Jg.	= Jahrgang
loc. cit.	= loco citato (am angeführten Ort)
N. N.	= nomen nominandum (der zu nennende [unbekannte] Name) oder nomen nescio (den Namen weiß ich nicht/Name unbekannt)
Nr.	= Nummer
o. J.	= ohne Jahresangabe
o. O.	= ohne Ortsangabe
o. V.	= ohne Verfasserangabe

P.	= Pagina (Seite)
pass.	= passim (da und dort/verstreut)
S.	= Seite(n)
s.	= siehe
Sp.	= Spalte
u.a.	= und andere (Autoren oder Verlagsorte)
Verf.	= Verfasser
vgl.	= vergleiche
Vol.	= Volume (Band)
zit. nach	= zitiert nach

Diese Abkürzungen müssen nicht eigens in einem Abkürzungsverzeichnis erläutert werden, da man sie als allgemein bekannt voraussetzen kann.

Beispiele für Zitierweisen:

1. Globales indirektes Zitieren

Bekanntlich ist das mündliche Interview keine neutrale Erhebungsmethode, sondern grundsätzlich einer Reihe von Verzerrungen oder Reaktivitäten ausgesetzt. Üblicherweise werden hierbei in den Lehrbüchern unterschieden: Interviewer-, Befragten- und Instrumenteffekte (vgl. dazu exemplarisch Schnell/Hill/Esser 1995; Groves 1989; Bradburn 1983).

2. Spezielles indirektes Zitieren unter Angabe der Seitenzahlen

Response-Sets wie Akquieszenz oder die Tendenz zu sozial erwünschten Antworten werden dabei vor allem als Behauptungsstrategien von unterprivilegierten Personen mit geringem Selbstbewußtsein und geringer Ich-Stärke erklärt, die sich vor allem bei Personen mit niedrigem Berufs- und Bildungsstatus finden lassen (vgl. Schnell/Hill/Esser 1995, S. 329 f; Groves 1989; S. 441 f).

3. Wörtliches Zitieren

"Es ist ein Normalfall der Befragungsforschung, daß Befragte jeweils einzelne Inhalte bewußt oder unbewußt verfälschen. Daß sie jedoch eine komplexe Konfiguration fingieren, erscheint unwahrscheinlich. Je mehr einzelne Items in die Konfigurationsanalyse einbezogen werden, desto größer ist umgekehrt die Wahrscheinlichkeit, daß sich ein latentes Gesamtbild gegen die Detailfehler durchsetzt" (Schulze 1992, S. 527).

Bei **mehr als drei Autoren** wird im Text nur der Erstautor genannt. Nur in der Literaturliste werden alle Autoren aufgeführt.

Beispiel:
(vgl. Hofmann u. a. 1995, S. 114 f).

Falls **verschiedene Autoren mit identischen Nachnamen** zitiert werden, wird außerdem der abgekürzte Vorname angegeben.

Beispiel

(vgl. Schmidt, L. R. 1995, S. 207-210).

Werden von **Autoren verschiedene Arbeiten** verwendet, die aber alle im **gleichen Jahr** erschienen sind, so werden die Jahreszahlen zusätzlich mit a, b, c usw. durchnumeriert.

Beispiel:

(vgl. Eirmbter/Hahn/Jacob 1992a).

Die vollständigen bibliographischen Angaben werden in der Literaturliste am Ende des Textes dokumentiert.

Falls aus Artikeln der **Tagespresse** und **populärer Zeitschriften** zitiert wird, die keinen erkennbaren Autor haben, wird die Quelle vollständig im Text genannt und nicht in die Literaturliste aufgenommen.

Beispiel:

Wir sehen umso mehr Anlaß zu dieser Vermutung, weil - wenn man die aktuelle Berichterstattung in den Medien verfolgt - leicht der Eindruck entstehen kann, daß die AIDS-Epidemie gewissermaßen nur die Ouvertüre für die massive Rückkehr von Infektionskrankheiten ist (vgl. dazu exemplarisch die Beiträge "Seuchen" in: Natur, Nr. 11, 1994; "Was kommt nach Cholera und AIDS" in: Geo, Nr. 3, 1995).

Literaturliste

Vollständig bibliographiert werden die in einer schriftlichen Arbeit verwendeten Texte in der Literaturliste. Anzugeben sind der oder die Autoren und der Titel des Textes. Bei Monographien müssen außerdem Erscheinungsort- und -jahr dokumentiert werden, bei Texten aus Sammelwerken die Quelle und die Seitenzahlen, bei Texten aus Periodika die Jahrgangsnummer und das Erscheinungsjahr der Zeitschrift sowie ebenfalls die Seitenzahlen.

Sind von einem Autor oder einer Autorengruppe mehrere Texte zitiert, die aus dem gleichen Jahr stammen, so sind diese analog der Vorgehensweise bei den Zitaten in der Literaturliste mit den Buchstaben a, b, usw. nach der Jahreszahl zu versehen.

Wird bei einem Werk kein Mensch sondern eine Institution genannt (etwa das Statistische Bundesamt), so ist dieser stets ein (Hrsg.) beizufügen, da Institutionen nie Autoren sein können (die Schreibarbeit wurde von Menschen erledigt), sondern nur als verantwortliche Herausgeber fungieren.

Beispiele:

1. Monographien

Hill, P. B.; Kopp, J.: Familiensoziologie, Stuttgart 1995

Schnell, R.; Hill, P. B.; Esser, E.: Methoden der empirischen Sozialforschung, 5. Aufl., München 1995

Schulze, G.: Die Erlebnisgesellschaft. Kultursoziologie der Gegenwart. Frankfurt 1992

2. Beiträge in Sammelwerken

Hofmann, W.; Dörning, H.; Schwartz, F. W.; Braun, D.; Koch, U.; Frank, G.; Firnkorn, H.-J.; Stein, H.: Institutionelle Bedingungen der Gesundheitssystemforschung, in: Schwartz, F. W. (Hrsg.): Gesundheitssystemforschung in Deutschland: Denkschrift der DFG, Weinheim 1995, S. 112-126

Schmidt, L. R.: Public Health, in: Schwenkmezger, P.; Schmidt, L. R. (Hrsg.): Lehrbuch der Gesundheitspsychologie, Stuttgart 1994, S. 207-221

Schmidt, S. J.: Wir verstehen uns doch? Von der Unwahrscheinlichkeit gelingender Kommunikation, in: Deutsches Institut für Fernstudien (Hrsg.): Medien und Kommunikation. Studienbrief 1, Weinheim 1990, S. 50-78

3. Artikel in Fachzeitschriften

Eirmbter, W. H.; Hahn, A.; Jacob, R.: Zum Alltagswissen über AIDS, in: Soziale Probleme, 3, 1992a, S. 45-78

Eirmbter, W. H.; Hahn, A.; Jacob, R.: Zum Umgang mit AIDS in der Bevölkerung, in: Medizin Mensch Gesellschaft, 17, 1992b, S. 216-226

In einer wissenschaftlichen Arbeit wird die Literaturliste allerdings alphabetisch und je Autor nach dem Erscheinungsjahr geordnet und nicht - so wie hier - nach Textarten. Auch die Unterscheidung nach Quellen und Sekundärliteratur ist in den Sozialwissenschaften unüblich.

Ob Vornamen in Literaturlisten auszuschreiben sind oder nicht, ist ein ungelöstes Dauerproblem. Der Vorteil ausgeschriebener Vornamen besteht darin, daß man dann sofort erkennt, ob es sich um männliche oder weibliche Autoren handelt. Allerdings erhöht dieses Vorgehen den Schreibaufwand. Gravierender ist darüberhinaus das Problem, daß Vornamen auch bei Veröffentlichungen nicht immer ausgeschrieben, sondern abgekürzt werden (etwa in bestimmten Fachzeitschriften) und nicht oder nur mit hohem Aufwand recherchiert werden können. Im Interesse einer formal einheitlichen Literaturliste wurden deshalb die Vornamen in der Bibliograhie alle abgekürzt. Auf den Exzerpten sollte man aber, wo immer diese bekannt sind, die Vornamen ausschreiben, da einige Prüfer, Verlage und Zeitschriften vollständige Namensangaben erwarten und man dann relativ schnell auf diese Information zurückgreifen kann.

Ähnlich gilt für den Verlag, daß inzwischen häufig bei Literaturangaben auch dieser zu nennen ist. Hier gilt aber: Der

120

Verlag ist kein Substitut für den Erscheinungsort, vielmehr müssen dann beide genannt werden. Da aber für das Auffinden eines Buches die Verlagsangabe nicht notwendig ist, wurde hier auch auf diese zusätzliche Angabe verzichtet.

4. Weiterführende Literatur: Eine Auswahl

Einführung in wissenschaftliches Arbeiten

Koeder, K.: Studienmethodik, München, 2. Aufl. 1994

Poenicke, K.: Wie verfaßt man wissenschaftliche Arbeiten? Ein Leitfaden vom ersten Studiensemester bis zur Promotion, 2., neu bearbeitete Aufl., Mannheim 1988

Seidenspinner, G.: Wissenschaftliches Arbeiten, München, 9. Aufl. 1994

Stary, J.; Rückriem, G.; Franck, W.: Die Technik wissenschaftlichen Arbeitens, Paderborn, 9. Aufl. 1995

Lerntechniken/Lesetechniken

Schräder-Naef, R.: Rationeller Lernen lernen, Weinheim 18. Aufl. 1994

Gruppenarbeit und Moderation

Klebert, K.; Schrader, E.; Straub, W. G.: KurzModeration, Hamburg 1985

Knoll, J.: Kleingruppenmethoden, Weinheim 1993

Literaturrecherche

Grund, U.; Heinen, A.: Wie benutze ich eine Bibliothek, München, 2. Aufl. 1996

Stary, J.; Kretschmer, H.: Umgang mit wissenschaftlicher Literatur, Frankfurt 1994 (*hier werden auch Lesetechniken vorgestellt*)

Internetrecherche

Jasper, D.: Suchen und Finden im Internet. Tips für die erfolgreiche Online-Recherche, Düsseldorf 1997

Kimmig, M.: Internet. Im weltweiten Netz gezielt Informationen sammeln, 2. Aufl., München 1996

Präsentieren

Hartmann, M.; Funk, R.; Niemann, H.: Präsentieren, Weinheim, 3. Aufl. 1995

Krämer, W.: So überzeugt man mit Statistik, Frankfurt 1994

Montamedi, S.: Rede und Vortrag, Weinheim 1993

Pabst-Weinschenk, M.: Reden im Studium, Frankfurt 1995

Will, H.: Mit den Augen lernen. Medien in der Aus- und Weiterbildung, 5 Bde., Weinheim, 2. neu ausgestattete Aufl. 1994

Schreiben

Becker, H. S.: Die Kunst des professionellen Schreibens, Frankfurt 1994

Eco, U.: Wie man eine wissenschaftliche Abschlußarbeit schreibt. Doktorarbeit, Diplomarbeit und Magisterarbeit in den Geistes- und Sozialwissenschaften, Stuttgart , 2. Aufl. 1993

Kruse, O.: Keine Angst vor dem leeren Blatt, Frankfurt, 4. Aufl. 1995

Empirische Forschungsmethoden, Datenanalyse und Statistik

Backhaus, K.; Erichson, B.; Plinke, W., Weiber, R.: Multivariate Analysemethoden. Eine anwendungsorientierte Einführung, 7. Aufl., Berlin 1994

Bacher, J.: Clusteranalyse, München 1994

Benninghaus, H.: Einführung in die sozialwissenschaftliche Datenanalyse, 4. Aufl., München 1996

Bohley, P.: Statistik. Einführendes Lehrbuch für Wirtschafts- und Sozialwissenschaftler, 5. Aufl., München 1992

Bortz, J.: Statistik für Sozialwissenschaftler, 4. Aufl., Berlin 1993

Bortz, J.; Döring, N.: Forschungsmethoden und Evaluation für Sozialwissenschaftler, 2. Aufl., Berlin 1995

Brosius, G.; Brosius, F.: SPSS. Base System und Professional Statistics, Bonn 1995

Bungard, W.; Lück, H. E.: Forschungsartefakte und nicht-reaktive Meßverfahren, Stuttgart 1974

Grümer, K.-W.: Beobachtung, Stuttgart 1974

Hopf, C.; Weingarten, E. (Hrsg.): Qualitative Sozialforschung, Stuttgart 1979

Jacob, R.; Eirmbter, W. H.: Die quantitative Befragung. Ein einführendes Lehrbuch zur Erstellung von Fragebögen, München 1997 (im Druck)

Krämer, W.: Statistik verstehen. Eine Gebrauchsanweisung, Frankfurt 1992

Merten, K.: Inhaltsanalyse. Einführung in Theorie, Methode und Praxis, Opladen 1983

Schnell, R.; Hill, P. B.; Esser, E.: Methoden der empirischen Sozialforschung, 5. Aufl., München 1995

Spöhring, W.: Qualitative Sozialforschung, 2. Aufl., Stuttgart 1995

Urban, D.: Regressionstheorie und Regressionstechnik, Stuttgart 1982

Fachlexika und Nachschlagewerke

Dorsch, F. (Hrsg.): Psychologisches Wörterbuch, 13. Aufl., Stuttgart 1995

Fuchs-Heinritz, W.; Lautmann, R.; Rammstedt, O.; Wienhold, H. (Hrsg.): Lexikon zur Soziologie, 3. Aufl., Opladen 1994

Gabler-Verlag (Hrsg.): Gabler Wirtschafts-Lexikon, 6 Bde., 12. Aufl., Wiesbaden 1988

Mickel, W. (Hrsg.): Handlexikon zur Politikwissenschaft, München 1986

Statistisches Bundesamt (Hrsg.): Datenreport 1994. Zahlen und Fakten über die Bundesrepublik Deutschland, Mannheim 1994

Woll, A. (Hrsg.): Wirtschaftslexikon, 8., überarbeitete Aufl., München 1996

5. Anhang

5.1 Forschungsinfrastruktur

Kenntnisse über die zur Verfügung stehende Forschungs- und Informationsinfrastruktur werden immer wichtiger, da immer häufiger verlangt wird, daß man sich selbständig und möglichst schnell in ein beliebiges Thema einarbeitet. In diesem Kapitel werden einige für diesen Zweck wichtige **Forschungseinrichtungen**, **Literaturdokumentationszentren und Datenbankanbieter** für die Sozial- und Wirtschaftswissenschaften vorgestellt. Adressen der hier genannten Institutionen finden sich am Ende dieses Kapitels. Natürlich ist die Liste dieser Institutionen aufgrund der Fülle der Anbieter nicht vollständig, sondern stellt eine Auswahl dar. Es ist hier in jedem Fall ratsam, sich darüber zu informieren, zu welchen Datenbanken die eigene Universität einen Zugang bietet.

Eine der wichtigsten Institutionen zur Forschungsinfrastruktur, die **Gesellschaft Sozialwissenschaftlicher Infrastruktureinrichtungen e. V. (GESIS)**, wurde im Dezember 1986 gegründet. Aufgabe dieses Verbandes ist es, grundlegende sozialwissenschaftliche Dienstleistungen für Wissenschaft und Praxis zu erbringen. Dazu gehören:

1. Akquisition und Bereitstellung von Beständen quantitativer Daten einschließlich deren Archivierung und kontinuierlicher Aufbereitung.

2. Aufbau und Bereitstellung von Forschungs- und Literaturdatenbanken.

3. Methodenentwicklung, -schulung und -beratung.

4. Organisation von Repräsentativbefragungen und Dauerbeobachtung gesellschaftlicher Entwicklungen.

Diese Aufgaben werden von den drei Mitgliedsinstituten der GESIS, dem **Zentralarchiv für empirische Sozialforschung (ZA)**, Köln, dem **Informationszentrum Sozialwissenschaften (IZ)**, Bonn und dem **Zentrum für Umfragen, Methoden und Analysen (ZUMA)**, Mannheim erfüllt.

Das **ZA** ist zuständig für die Archivierung und Bereitstellung von Datenmaterial einschließlich der Fragebögen und Codebücher sozialwissenschaftlicher Untersuchungen. Daten solcher Untersuchungen werden für Sekundäranalysen aufbereitet und sind der interessierten Öffentlichkeit zugänglich. Daneben bietet das ZA folgende Leistungen an:

• Beratung bei Sekundäranalysen.

• Datenbezogene Ausbildung in fortgeschrittenen Methoden der Datenanalyse (insbesondere im Rahmen des jährlich veranstalteten dreiwöchigen "Frühjahrseminars").

- Daten- und Informationsaustausch mit gleichartigen internationalen Einrichtungen wie dem "National Opinion Research Center" (NORC) in Chicago.

- Umfangreiche Bibliothek mit einschlägiger Literatur und Periodika.

- Herausgabe (jährlich) eines Datenbestandskatalogs mit dem Titel "Empirische Sozialforschung" (seit 1993 auch auf Diskette erhältlich).

- Herausgabe (zweimal jährlich) der "ZA-Information", wo insbesondere über neuere Entwicklungen im Bereich der empirischen Sozialforschung berichtet wird.

- Durchführung des ALLBUS (zusammen mit ZUMA).

Primäre Aufgabe des IZ ist es, den aktuellen Stand sozialwissenschaftlicher Forschung und Literatur in Deutschland zu dokumentieren. Zu diesem Zweck werden zwei Datenbanken bereitgestellt, und zwar FORIS und SOLIS.

FORIS bedeutet Forschungsinformationssystem Sozialwissenschaften und informiert über geplante, laufende und abgeschlossene Forschungsarbeiten aus dem deutschsprachigen Raum. Dazu wird jährlich eine Erhebung bei den ca. 4.200 Universitäten und Forschungseinrichtungen im Dokumentationsgebiet durchgeführt.

SOLIS steht für Sozialwissenschaftliches Literaturinformationssystem und informiert über deutschsprachige fachwissenschaftliche Literatur (Monographien, Artikel aus Fachzeitschriften, Beiträge aus Sammelwerken, graue Literatur).

Beide Datenbanken können von Nutzern selbst online abgefragt werden und liegen seit einigen Jahren auch auf CD-ROM vor (Aktualisierung der CD: halbjährlich). Daneben führt das IZ aber auch Auftragsrecherchen in den eigenen und anderen Datenbanken durch. Zusätzlich veröffentlicht das IZ themenspezifische Literatur- und Forschungsnachweise im "Sozialwissenschaftlichen Fachinformationsdienst" (SoFid).

Zu den Aufgaben von **ZUMA** zählt schwerpunktmäßig die Beratung bei allen methodischen Fragen empirischer Forschung. Neben dieser Methodenberatung ist ZUMA zuständig für Sozialindikatorenforschung, die Aufbereitung von Mikrodaten der amtlichen Statistik sowie für Forschungen zur Methodenentwicklung.

Methodenberatung kann für alle Arbeitsschritte aus der Forschungsphase eines empirischen Projektes nachgefragt werden, angefangen bei der Konzeption des Erhebungsinstrumentes bis hin zur Beratung bei Auswertungen.

Im Rahmen der Sozialberichterstattung gibt ZUMA regelmäßig die Zeitschrift "Informationsdienste Soziale Indikatoren" (ISI) heraus, in der Ergebnisse aus ALLBUS- und Sozialwissenschaften-BUS-Befragungen veröffentlicht werden. Seit 1995 wird außerdem das "Digitale Informationssystem

Soziale Indikatoren" (DISI) angeboten, welches sowohl auf MacIntosh als auch auf DOS-Rechnern (unter Windows) betrieben werden kann. DISI bietet Zeitreihen zu folgenden Themen: Bevölkerung und Sozialstruktur, Arbeitsmarkt, Einkommensverteilung und -verwendung, Verkehr, Wohnen, Gesundheit, Bildung, Partizipation, Umwelt, Öffentliche Sicherheit und Kriminalität.

Ebenso wie das ZA veranstaltet auch ZUMA Seminare zu neueren Entwicklungen auf dem Gebiet der Datenanalyse; Ankündigungen dazu wie auch Berichte über neuere Verfahren und Methoden finden sich in den ebenfalls zweimal jährlich erscheinenden "ZUMA-Nachrichten".

Eine weitere, für die Sozialwissenschaften wichtige, allerdings nicht zur GESIS gehörende Serviceeinrichtung ist die **Zentralstelle für psychologische Information und Dokumentation (ZPID)** an der Universität Trier. Die ZPID erstellt und aktualisiert die Datenbanken Psyndex und Psytkom, die ebenfalls online abgefragt werden können und auch auf CD-ROM erhältlich sind.

Psyndex informiert über psychologische Literatur und psychologierelevante Beiträge aus Nachbardisziplinen der Psychologie. Dokumentiert werden auch psychologierelevante audiovisuelle Medien aus den Beständen des "Instituts für den Wissenschaftlichen Film" (IWF) und der "Video-Cooperative-Ruhr" (VCR).

132

In Psytkom findet man ausführliche Beschreibungen und Bewertungen von psychologischen Tests, Skalen und Statementbatterien, Fragebögen und apparativen Verfahren.

Für die Wirtschaftswissenschaften hält die **Gesellschaft für Betriebswirtschaftliche Information mbH (GBI)** in München eine Fülle von Datenbanken im Angebot. Neben BLISS, ECONIS oder HWWA finden sich hier auch spezielle Informationen zur Kreditwirtschaft, zur Arbeitswissenschaft, zu Marketing-Fragen, zu internationalen Marktanalysen oder zu Unternehmensprofilen, um nur einige wenige zu nennen. Das komplette Angebot ist über Internet abrufbar.

Die zentrale Datenbank für die Erziehungswissenschaften wird vom **Educational Ressources Information Center (ERIC)** angeboten. Diese Institution wird getragen vom U.S. Erziehungsministerium, der National Library of Education sowie von erziehungswissenschaftlichen Departments an mehreren amerikanischen Universitäten, die für je bestimmte Themengebiete zuständig sind. Detailliertere Informationen über ERIC sind über Internet erhältlich.

Das **Institut für Arbeitsmarkt- und Berufsforschung (IAB)** in Nürnberg bietet eine themenspezifische Datenbank auf CD-ROM unter dem Titel "proArbeit" an.[22]

---

22 Weitere Datenbanken wie etwa Econlit (Wirtschaftswissenschaften), PAIS (Politik- und Verwaltungswissenschaften), SpoLit (Sportwissenschaften) oder Medline (Medizin und Psychologie) sind ebenfalls als

Zu erwähnen ist unter der Überschrift "Infrastruktureinrichtungen" außerdem das **Statistische Bundesamt,** welches eine Vielzahl von Erhebungen durchführt und auf dem Gebiet der Mikrodaten und der sozialen Indikatoren mit ZUMA kooperiert. Anzusprechen ist hier auch das **Wissenschaftszentrum für Sozialforschung Berlin (WZB),** welches unter anderem an der Erstellung des "Datenreport"[23] maßgeblich beteiligt ist.

Schließlich ist noch das **Deutsche Jugendinstitut (DJI)** in München zu erwähnen, welches neben dem Familiensurvey eine Vielzahl von Surveys in den Zielgruppen "Jugendliche" und "junge Erwachsene" durchführt, sowie das **Zentrum für Europäische Umfrageanalysen und Studien (ZEUS)** in Mannheim.

CD-ROM-Dateien erhältlich und dürften an den meisten Universitätsbibliotheken zugänglich sein. Zu nennen sind hier außerdem ZDB (Zeitschriftenbestände deutscher Bibliotheken, auch über Internet zugänglich) und DISS (Verzeichnis deutscher Hochschulschriften).

23 Dieses Berichtswerk wird seit 1987 in zweijährigen Rhythmus von dem Statistischen Bundesamt in Zusammenarbeit mit dem WZB und ZUMA unter dem Titel "Datenreport. Zahlen und Fakten über die Bundesrepublik Deutschland" herausgegeben. Neben objektiven Daten zu verschiedenen Lebensbereichen wie Bildung, Erwerbsleben, Wohnen, Freizeit oder Gesundheit finden sich darin auch Daten zu deren subjektiver Einschätzung und Bewertung.

Adressen (alphabetisch)

Deutsches Institut für Wirtschaftsforschung (DIW)

http://www.diw-berlin.de/
Königin-Luise-Str. 5
14195 Berlin
Telefon: 030/89789-0
Telefax: 030/89789-200
E-Mail: name@diw-berlin.de

Deutsches Jugendinstitut (DJI)

http://www.dji.de/
Nockherstr. 2
81541 München
Telefon: 089/62306-0
Telefax: 089/62306-162

Educational Resources Information Center (ERIC)

http:/www.aspensys.com/eric/
E-Mail: acceric@inet.ed.gov

Gesellschaft für Betriebswirtschaftliche Information mbH (GBI)

http://www.gbi.de/default.htm

Freischützstr. 96

81927 München

Telefon: 089/992879-0

Telefax: 089/992879-99

E-Mail: infogbi@gbi.de

InformationsZentrum Sozialwissenschaften (IZ)

http://www.bonn.iz-soz.de/

Lennéstr.30

53113 Bonn

Telefon: 0228/2281-0

Telefax: 0228/2281-120

E-Mail: iz@bonn.iz-soz.de

Abteilung Berlin:

Schiffbauerdamm 19

10117 Berlin

Telefon: 030/30874-246

Telefax: 030/2823692

E-Mail: iz@berlin.iz-soz.de

Institut für Arbeitsmarkt- und Berufsforschung der Bundesanstalt für Arbeit (IAB)

http://www.arbeitsamt.de/iab

Regensburger Str. 104

90327 Nürnberg

Telefon: 0911/179-3016

Telefax: 0911/179-3258

E-Mail: iab.ba@t-online.de

Statistisches Bundesamt

http://www.statistik-bund.de/

Gustav-Stresemann-Ring 11

65180 Wiesbaden

Telefon: 0611/75-1

Telefax: 0611/724000

Wissenschaftszentrum Berlin (WZB)

http://www.wz-berlin.de/allgemein.html

Reichpietschufer 50

10785 Berlin

Telefon: 030/25491-0

Telefax: 030/3025491-684

E-mail: wzb@wz-berlin.de

Zentralarchiv für Empirische Sozialforschung (ZA)
an der Universität zu Köln
http://www.za.uni-koeln.de
Bachemer Straße 40
50931 Köln
Telefon: 0221/47694-0
Telefax: 0221/47694-44
E-Mail: za@za.uni-koeln.de

Abteilung Berlin:
Leipziger Str. 3-4
10117 Berlin
Telefon: 030/2236-242
Telefax: 030/2236-242

Zentralstelle für Psychologische Information und Dokumentation (ZPID)
http://www.uni-trier.de/uni/zpid/index.htm
Universität Trier
Universitätsring 15
54296 Trier
Telefon: 0651/201-2877
Telefax: 0651/201-2071
E-Mail: zpid@zpid.uni-trier.de

Zentrum für Europäische Umfrageanalysen und Studien (ZEUS)

http://zeus3.sowi.uni-mannheim.de
Universität Mannheim
Postfach 103462
68131 Mannheim
Telefon: 0621/292-1882
Telefax: 0621/292-1779
E-Mail: name@mzes.uni-mannheim.de

Zentrum für Umfragen, Methoden und Analysen (ZUMA)
http://www.zuma-mannheim.de
B2,1
68159 Mannheim
Telefon: 0621/1246-0
Telefax: 0621/1246-100
E-Mail: zuma@zuma-mannheim.de

Abteilung Berlin:
Magdalenenstr. 17-19; Haus 4
10365 Berlin
Telefon: 030/23720-382
Telefax: 030/23720-359

Adressen sozialwissenschaftlicher Institute und soziologischer Fakultäten und Fachbereiche wurden von Lorenz Gräf und Holger Nowak vom ZA zusammengestellt und sind über das Internet abrufbar:

http://www.uni-koeln.de/wiso-fak/soziologiesem/soz_inst/ inst_ort.htm

Links zu dieser Internetseite wie auch zu den entsprechenden Internetangeboten der GESIS-Institute, der ZPID und des WZB findet man auch auf der Homepage des Faches Soziologie an der Universität Trier:

http://www.uni-trier.de/uni/fb4/soziologie/sozihome.htm

5.2 Verlagsverzeichnis (alphabetisch)

Beltz-Verlag GmbH & Co. KG
Postfach 10 01 54
69 441 Weinheim
Tel.: 0 62 01/6 00 70
Fax.: 0 62 01/1 7464
ISBN 3-407
Bereiche: Pädagogik, Fort- und Weiterbildung

Campus-Verlag GmbH
Heerstr. 149
60 488 Frankfurt
Tel.: 0 69/97 65 16-0
Fax.: 0 69/97 65 16-78
ISBN 3-593
Bereiche: Sozial- und Wirtschaftswissenschaften, Psychologie

Enke-Verlag
Postfach 30 03 66
70 443 Stuttgart
Tel.: 07 11/13 57 98-0
Fax.: 07 11/13 57 98-30
ISBN 3-432
Bereiche: Sozialwissenschaften, Psychologie

Gabler-Verlag
Postfach 15 47
65 005 Wiesbaden
Tel.: 06 11/5 34-0
Fax.: 06 11/5 34-400
ISBN 3-409
Bereiche: Wirtschaftswissenschaften

Hogrefe-Verlag GmbH & Co. KG
Robert-Bosch-Breite 25
37 079 Göttingen
Tel.: 05 51/5 06 88-0
Fax.: 05 51/5 06 88-24
ISBN 3-8017
Bereiche: Psychologie, Sozialwissenschaften

Huber-Verlag
Promenadenstr. 16
Postfach 382
CH-8500 Frauenfeld
Tel.: 00 41 52/7 23 57 91
Fax.: 00 41 52/7 21 44 10
ISBN 3-7193; 3-274
Bereiche: Psychologie, Sozialwissenschaften

W. Kohlhammer GmbH
Heßbrühlstr. 69
70 565 Stuttgart
Tel.: 07 11/78 63-0
Fax.: 07 11/78 63-263
ISBN 3-17
Bereiche: Sozial- und Wirtschaftswissenschaften, Pädagogik

Peter Lang GmbH, Europäischer Verlag der Wissenschaften
Postfach 94 02 25
60 460 Frankfurt
Tel.: 0 69/78 07 05-0
Fax.: 0 69/78 58 93
ISBN 3-631
Bereiche: Sozial- und Wirtschaftswissenschaften

Leske & Budrich GmbH
Postfach 30 05 51
51 334 Leverkusen
Tel.: 0 21 71/20 79
Fax.: 0 21 71/4 12 09
ISBN 3-8100
Bereiche: Sozialwissenschaften, Psychologie

Metzler-Verlag

Werastr. 21-23

70182 Stuttgart

Tel.: 07 11/21 94-0

Fax.: 07 11/21 94-111

ISBN 3-476

Bereiche: Pädagogik

Oldenbourg Verlag GmbH

Postfach 80 13 60

81 613 München

Tel.: 0 89/4 50 51-0

Fax.: 0 89/4 50 51-333

ISBN 3-486

Bereiche: Sozial- und Wirtschaftswissenschaften

Sage Publications Ltd.

6 Bonhill Street

GB London EC 2A 4PU

Tel.: 00 44 17 1/3 74 06 45

Fax.: 00 44 17 1/3 74 87 41

ISBN 0-8039

Bereiche: Sozialwissenschaften, Psychologie

Springer-Verlag GmbH & Co. KG
Heidelberger Platz 3
14 197 Berlin
Tel.: 0 30/82 07-0
Fax.: 0 30/8 21 40 91
ISBN 3-540; 3-8070
Bereiche: Sozial- und Wirtschaftswissenschaften,
Psychologie

Suhrkamp-Verlag
Postfach 10 19 45
60 019 Frankfurt
Tel.: 0 69/7 56 01-0
Fax.: 0 69/7 56 01-314
ISBN 3-518
Bereiche: Sozialwissenschaften

B. G. Teubner GmbH
Postfach 80 10 69
70 510 Stuttgart
Tel.: 07 11/7 89 01-0
Fax.: 07 11/7 89 01-10
ISBN 3-519
Bereiche: Sozialwissenschaften

UTB für Wissenschaft
Postfach 80 11 24
70 511 Stuttgart
Tel.: 07 11/7 80 18 26
Fax.: 07 11/7 80 13 76
ISBN 3-8252
Bereiche: Sozial- und Wirtschaftswissenschaften, Psychologie, Pädagogik

Verlag Franz Vahlen GmbH
Postfach 40 03 40
80 791 München
Tel.: 0 89/3 81 89-0
Fax.: 0 89/3 81 89-358
ISBN 3-8006
Bereiche: Wirtschaftswissenschaften

Westdeutscher Verlag GmbH /
Deutscher Universitätsverlag (DUV)
Postfach 15 46
65 005 Wiesbaden
Tel.: 06 11/5 34-0
Fax.: 06 11/5 34-430
ISBN 3-531
Bereiche: Sozialwissenschaften, Psychologie

Aus dem Programm Sozialwissenschaft

Friedrich Jonas
Geschichte der Soziologie 1
Aufklärung, Liberalismus, Idealismus,
Sozialismus, Übergang zur industriellen Gesellschaft. Mit Quellentexten.
2. Aufl. 1981. 490 S. (wv studium,
Bd. 92) Pb. DM 29,80
ISBN 3-531-22092-6

Friedrich Jonas
Geschichte der Soziologie 2
Von der Jahrhundertwende bis zur
Gegenwart. Mit Quellentexten.
2. Aufl. 1981. 521 S. (wv studium,
Bd. 93) Pb. DM 29,80
ISBN 3-531-22093-4

Jürgen Friedrichs
**Methoden empirischer
Sozialforschung**
15. Aufl. 1998. Ca. 430 S. (wv
studium, Bd. 28) Pb. ca. DM 24,80
ISBN 3-531-22028-4
Dieses Buch ist eine Einführung in Methodologie, Methoden und Praxis der
empirischen Sozialforschung. Die Methoden werden ausführlich dargestellt und
an zahlreichen Beispielen aus der Forschung erläutert. Damit leitet das Buch
nicht nur zur kritischen Lektüre vorhandener Untersuchungen, sondern ebenso zu
eigener Forschung an.

Horst Holzer
Medienkommunikation
Einführung in handlungs- und
gesellschaftstheoretische Konzeptionen
1994. 237 S. (wv studium, Bd. 172)
Pb. DM 26,80
ISBN 3-531-22172-8
Diese Einführung in die sozialwissenschaftliche Analyse der (Massen-)Medienkommunikation stellt anhand der Konzeptionen von Renckstorf, Bachmair,
Charlton/Neumann, Habermas und
Luhmann verschiedene (und unterschiedliche) Versuche vor, Struktur und Prozeß
der Massenkommunikation zum Gegenstand soziologischer und sozialpsychologischer Untersuchung zu machen. Ergänzt wird diese Erörterung
durch einige Anmerkungen, die an den
marxistisch inspirierten Umgang mit dem
Thema erinnern. In der Auseinandersetzung mit den Konzeptionen wird der Frage nachgegangen, wie dort die Grundlagen und die konkreten Erscheinungsformen der Medienkommunikation beschrieben und erklärt werden und in
welcher Weise sich in den Beschreibungen und Erklärungen die reale Geschichte und die aktuelle, gesellschaftlich wie
individuell wirksame Qualität dieser Kommunikationsform widerspiegeln.

 WESTDEUTSCHER VERLAG
Abraham-Lincoln-Str. 46 · 65189 Wiesbaden
Fax (06 11) 78 78 - 420